KB190956

이 책이 세상의 모든 꿈꾸는 이들을 위한

첫 번째 도미노이자,

기분 좋은 기세를 만들어내는

강력한 출발선이 되길 소망합니다.

_____ 첫 번째 도미노입니다.


년    월    일    _____ 드림

# 리더의
## 도미노

"작고 쉬운 것만 바꿔도 변화의 태풍은 시작된다!"

# 리더의
# 도미노

**1판 1쇄 펴낸날** 2024년 10월 4일
**1판 2쇄 펴낸날** 2024년 10월 10일

**지은이** 안현진

**펴낸이** 나성원
**펴낸곳** 나비의활주로

**기획** 이진아콘텐츠컬렉션
**책임편집** 김정웅
**디자인** BIG WAVE

**전화** 070-7643-7272
**팩스** 02-6499-0595
**전자우편** butterflyrun@naver.com
**출판등록** 제2010-000138호
**상표등록** 제40-1362154호

**ISBN** 979-11-93110-42-3 03320

※ 이 책은 저작권법에 따라 보호받는 저작물이므로 무단 전제와 무단 복제를 금지하며,
   이 책의 내용을 전부 또는 일부를 이용하려면 반드시 저작권자와 지음과깃듬 출판사의
   서면 동의를 받아야 합니다.
※ 책값은 뒤표지에 있습니다.
※ 잘못된 책은 구입하신 곳에서 바꾸어 드립니다.

# 리더의 도미노

"작고 쉬운 것만 바꿔도 변화의 태풍은 시작된다!"

안현진 지음

나비의 활주로

# 끊임없이 목표를 향해
# 돌진하는 기분 좋은 힘

우리는 많은 것을 변화시키고 싶지만, 그 모든 것이 '한꺼번에' 변하는 일은 쉽게 발생하지 않는다. 어느 날 갑자기 일도 잘하게 되고, 가족도 행복해지고, 돈도 많이 벌고, 몸도 건강해지는 일은 생기지 않는다는 이야기다. 그것은 인간의 영역이 아니라 신의 영역이다. 하지만 한 가지 확실한 것은, 우리가 그 모든 변화를 '연쇄적으로' 일으킬 수 있다는 점이다. 우선 딱 한 가지를 변화시키면, 자연스럽게 그다음의 일이 변화하면서 계속해서 연쇄적인 흐름이 이어진다. 도미노를 생각하면 쉽다. 수백, 수천 개의 도미노를 쓰러뜨리는 원동력은 최초의 도미노, 단 하나일 뿐이다.

## 후퇴도, 주춤거림도 없이 나아가는 기세

메트라이프를 통해 영업의 최전선에서 활동했던 나날이 어느덧 17년이나 되었다. 입사 첫 달부터 개인 설계사 건수 전국 1위를 달성한 뒤로 지속적으로 더 높은 목표들을 달성해왔으며, 지점장을 거쳐 본부장이라는 목표까지 이뤘다. 지점장 시절에는 전국 92개 지점 중 90등 하던 전주 PROS지점을 8개월 만에 전국 인당 생산성 1등에 올려놓았고, 3년 8개월 만에 월간 업적 1등까지 이뤘다. 2024년 1월 강남 5본부장으로 부임한 후에는 3개월 만에 석세스휠Success Wheel 지표에서 2년 동안 부동의 1위였던 본부를 꺾고 1위를 달성했고, 서울에 있는 본부는 거의 하기 힘들다는 설계사 가동률 85%로 전국 1위를 차지했다.

물론 개인적인 슬럼프도 있었고 때론 침체의 시기도 있었지만, 전체적인 그림으로 보자면 한번 시작된 승리의 도미노가 연쇄적으로 계속되는 상승세를 어김없이 만들어온 모습이다. 그런데 이 도미노에서 우리가 주목해야 할 또 하나는 바로 '기세'다. 도미노가 쓰러지는 모습을 보고 있자면, 가히 기세가 무엇인지를 느낄 수 있다. 그저 조용하게 작은 도미노 하나를 쓰러뜨리지만, 결코 주춤거리지 않는 그 강한 기세는 계속해서 다음 도미노를 여지없이 쓰러뜨리면서 마지막을 향해 일직선으로 뻗어 나간다. 그리고 잘 정렬된 도미노라면, 한 치의 오차도 없이 어김없이 최종 도미노를 쓰러뜨리며 보는 이로 하여금 쾌재를 부를 수 있게 한다. 우리의 일과 인생도 이렇게 통쾌하게 전진하고 어김없이 목표를 달성해낼 수 있다면 얼마나 좋을까?

나는 경험적으로 이러한 일이 어렵지 않다고 본다. 단지 무엇에 주목하고, 어떻게 출발점과 목표를 설계하고, 그 과정에서 어떤 마음 자세를 가지느냐에 따라 누구든 해낼 수 있는 일이라고 본다. 이렇게 얻게 된 강한 기세는 단순한 바람이나 일시적인 흐름이 아니다. 구체적으로 계획된 힘이기 때문에 그것은 지속 가능한 모습을 꾸준히 이어가는 기분 좋은 힘이 되고, 마침내 당신을 원하는 도착지에 안착시켜 줄 수 있을 것이다. 특히 조직의 관리자라면 기세는 반드시 전염된다는 사실을 기억해야 한다. 리더가 자신감, 투명함, 확신이라는 건강한 에너지를 가질 수 있다면, 이는 주변으로 확산되어 모두 함께 그 기세에 동참할 수 있도록 만든다. 그리고 그 결과가 만들어내는 것은 럭키, 행운이 가득한 성과들이다.

## 17년 전에 세웠던 계획이 오차 없이 이루어진다

처음 영업에 뛰어들던 17년 전, 나는 '인생 계획'을 PPT로 만들면서 시작했다. 언제 지점장이 될지, 언제 본부장이 될지까지 모두 정해두었다. 그리고 비행기가 활주로를 날아오르는 그 폭발적인 에너지로 뛰기 시작

리더의 도미노

했다. 놀랍게도 인생 계획 안에 있던 모든 계획들은 시기적으로 1년 정도 미뤄진 것은 있어도, 단 한 치의 오차도 없이 모두 이루어졌다. 지금 내가 생각해도 정말 신기한 일이기는 해도, 이유가 없이 이뤄진 일은 아닐 것이다.

이 책은 영업 분야에 속해 있는 모든 분들을 위한 책이다. 지금 하는 영업을 더 잘하고 싶거나, 이제 막 영업에 뛰어들었거나, 어느 정도 성과를 이루어 관리자로서의 역량을 얻고 싶은 모든 이들에게 도움이 될 수 있을 것이다.

물론 시간이 흐르고 시대가 바뀌면, 일하는 방법도 바뀌고 관계를 맺는 스타일도 달라진다. 내가 영업 현장에서 쌓아왔던 경험과 노하우들이 영원히 변치 않는 정석이 될 수는 없다. 하지만 현상을 관통하는 '본질'은 시간이 흘러도 쉽게 변하지 않는다. 그리고 이 본질에 대한 단단한 통찰이 초석이 되어준다면 너끈히 자신의 시대에서 리더의 자리로 올라갈 수 있다고 본다. 이러한 생각과 의지를 담아낸 이 책이 세상의 모든 꿈꾸는 이들을 위한 첫 번째 도미노이자, 기분 좋은 기세를 만들어내는 강력한 출발선이 되길 기대한다.

안현진

CONTENTS

어떤 분야에서 어떤 일을 하든, 일등을 해 보고 싶지 않은 사람은 없을 것이며, 정상을 마다하는 사람도 없을 것이다. 하지만 목표가 크고 원대할수록, 지금 당장 해야 할 일은 작은 것, 쉬운 일이어야만 한다. 수만 개의 도미노를 쓰러뜨리기 위해서는 '최초의 도미노'부터 쓰러뜨려야 한다.

목표가 크다고 발걸음까지 무거워지면, 일등으로 향하는 길은 그만큼 느려질 수밖에 없고, 마음에 한가득 실은 부담감까지 가세해 얼마 가지 않아 지치고 만다. 거기다가 생각만큼 성과가 따라주지 않으면 실망감이 찾아와서 더 힘든 상태가 된다. 나를 가볍게 하기 위해 작고, 쉬운 일부터 시작해야만 한다. 그러면 최종 도착지를 향해 부담 없이 발걸음을 뗄 수 있고, 가속이 붙어 시간도 줄일 수 있을 것이다.

# PART 1

# 일등을 향한 기세는
# '작은 것, 쉬운 일'에서
# 시작한다

출발 지점이라는 도미노가 바뀌면,
최종 도착지도 달라진다

# 전국 최하위 지점에서
# 1등으로 향한 비결

"1등이 되려면 남들과 다르게 생각하라."
**스티브 잡스** 경영자

"압박이 없다면 다이아몬드와 같은 성과도 없다."

영국의 역사가인 토머스 칼라일Thomas Carlyle이 했던 말이다. 뭔가를 성취해 내기 위해서는 치밀하게 관리하고 강하게 밀어붙여야 한다는 의미이다. 이 말은 지금도 영업 현장에서 통용되고 있다. 많은 관리자들은 오늘도 채찍질로 성과를 독려하고 철저하게 관리하면, 영업사원들이 자신을 따라오고 성과를 올릴 것이라고 믿는다. 물론 이렇게 생각하는 것에는 다 나름의 합리적인 이유가 있다. 이러한 방법으로도 어느 정도의 성과는 창출되기 때문이다. 문제는 '혁신적인 돌파력'이 생기지는 않는다는 점이다. 상식의 한계를 뚫어내는 폭발적인 힘은 일반적인 상과 벌, 관리만으로는 이뤄낼 수 없다는 것이 나의 생각이다. 전국에서 꼴등을 하던 메트라이프 전주 PROS지점이 그 쟁쟁하던 모든 지점을 제칠 수 있었던 이유는 전혀 다른 돌파구를 찾았기 때문이다. 다만 이러한 돌파력은 어렵고 복잡한 것이 아니다. 오히려 쉽고 작은 일들에서 출발한다.

## 죽은 화분에 물을 주는 이유

리더가 되면 제일 먼저 변하는 것이 명함이다. 이제까지와는 다른 직급이 찍힌 명함이 제공되면서 회사의 인정을 받았다는 의미이기도 하다. 그런데 그것은 리더가 될 수 있는 50%의 자격밖에 되지 않는다. 나머지 50%는 함께 일하는 구성원들이 해주어야 한다. 내 명함에 아무리 '지점장'이나 '상무'라고 찍혀있어도, 구성원들이 마음으로 인정해 주지 않으면 아무런 소용도 없기 때문이다. 문제는 이 나머지의 50%가 없다면 사실은 0%나 마찬가지다. 회사에서 '50%의 지점장', '50%의 상무'로 일하기는 불가능하다. 따라서 사실상 직원들의 인정이 전부라고 해도 과언이 아니다. 그것은 일종의 자체적인 구심력을 확보하는 것이라고 볼 수 있다. 자신을 중심으로 구성원들을 단결시키지 않는다면, 새로운 변화와 놀라운 성과는 애초에 시작도 할 수 없다. 나 역시 '전주 지점장'이라고 찍힌 명함을 받고 발령을 받았지만, 그저 나를 부르는 명칭만 바뀌었을 뿐, 아직 구성원의 인정을 받기는 턱없이 부족하다고 생각했다.

지점으로 출근하기 시작했지만, 새로운 변화가 늘 희망찬 것은 아니다. 물론 설렘이 있었겠지만, 미래에 대한 두려움까지 동반되었다. 정작 맡게 된 지점이 전국 최하위라니. 더구나 당시는 개인적으로도 힘든 시기였다. 영업자로서 개인의 월급은 바닥을 치고 있어 금전적인 여유마저 없는 상태였다. 말 그대로 만감이 교차하는 그런 나날들이었다.

더군다나 전주와 가까운 지역인 군산이 고향이기는 해도, 전주에 특별한 인연이 있지도 않았고 영업활동을 해 본 것도 아니었다. 그러니 처음부터 구성원들의 온전한 신뢰를 받기는 힘들었다. 결국 '리더로 인정받을 것인가, 받지 못할 것인가'가 첫 번째로 해결해야 할 가장 중요한 과제가 되었다. 그러나 모든 이들의 마음을 한꺼번에 사로잡는다는 것은 욕심일 수밖에 없다. 우선은 이렇게 결심했다.

'딱 한 명이다. 나를 믿어주는 설계사 딱 한 명만 있으면 된다!'

## 사소한 일에서 평판이 좌우

우선 그간 활동이 뜸했던 설계사들을 한 명씩 찾아다니며 인사를 드렸고, 정성스럽게 마련한 선물도 드렸다. 그간 이렇게 직접 자신을 찾아온 지점장이 없었는지, 꽤 놀라시는 분도 있었다. 이후에도 한 분 한 분의 마음을 얻기 위한 활동을 계속해 나갔다. 나의 노력이 마음의 문을 여는 데 성공했기 때문이었을까?


　설날이 다가오던 어느 날, 늦은 시간까지 사무실에 있었다. 누군가 노크를 하고 들어오는데, 6~7명의 설계사분들이었다. 함께 마음을 모아서 샀다며 상품권을 내밀며 설날 잘 보내라고 인사를 해주었다. 처음 지점으로 발령받을 때 '나를 믿는 단 한 명의 설계사만 있으면 된다.'라고 생각했지만, 그리 오래지 않은 시간에 많은 분들이 나를 믿어주었다. 그제야 제대로 된 지점장이자 리더로 인정받는 느낌이었다.


　사실 누군가에 대한 평판은 빠르게 확산되는 성질을 가지고 있으며, 그 출발은 매우 사소한 일일 가능성이 크다. 지점에 출근하면서 가장 먼저 했던 것도 사소하고 쉬운 일들이었다. 제일 먼저 했던 일은 말라버린 화분에 물을 주는 것이었다. 대체로 실적이 좋지 않은 지점의 사무실은 일단 화분에서부터 티가 나게 되어 있다. 활력이 없기는 사람이든, 꽃이든 마찬가지다. 또 오래된 각종 자료를 정리해서 버리기 시작했고, 책상의 먼지를 닦아냈다. 일단 환경이 바뀌지 않으면 아무것도 바뀔 수 없다. 이렇게 사소하게 환경부터 정리한 것은 그것이 단순한 환경의 변화에만 그치지 않기 때문이다. 때로 환경은 사람의 마음을 지배한다. 주변이 깨끗해지면 어떤 기분이 드는가? 마음이 가벼워지고, 뭔가 새로운 것을 해도 될 것 같은 생각이 든다. 사실 사람의 선택과 결정은 상당수 이성이 아닌 감정의 결과이기도 하다.

이런 심리학 실험이 있었다. 뇌에서 이성을 관장하는 영역은 정상이고, 감정을 관장하는 영역만 문제가 있는 환자들을 대상으로 했다. 특정한 지역까지 가기 위해 버스를 탈지, 택시를 탈지 물었다고 한다. 정상적인 상태라면 누구나 현재 자신이 가진 돈과 거리, 시간을 고려해서 빠르게 결정을 내릴 것이다. 하지만 감정이 고장 난 그들은 결정을 할 수 없었다. 감정이 망가지니, 선택을 할 수 없게 된 것이다.

오래된 자료를 버리고, 화분의 꽃을 살려내는 일은 단순히 환경을 깨끗하게 하는 것에 멈추지 않는다. 오히려 새로운 감정의 변화를 통해 구성원의 마음속에서 죽었던 희망과 의지까지 살려내는 일이기도 하다.

## 8개월 만에 개인당 평균 생산성에서 1등

일단 환경의 변화를 통해서 마음을 바꾼다면, 그때부터 할 일은 시동을 거는 일이다. 자동차도 시동을 걸어야 하고, 사람의 마음도 시동을 걸어야 한다. 누워 있는 사람에게 갑자기 다가가 "야, 빨리 뛰어야 해!"라고 아무리 소리를 질러 봤자 그렇게 될 리가 없다. 오히려 짜증만 불러일으킬 뿐이다.

책상에 앉아서 결제와 관리만 하는 지점장은 본인은 전혀 움직이지도 않으면 지점원들에게 빨리 뛰라고 강요하는 사람과 다를 바 없다. 그래서 필요한 것은 함께 움직이면서 시동을 걸어주고, 그다음 천천히 뛰게 만드는 일이다. 그래서 나는 지점원들과 함께 움직이기 시작했다. 전주의 끝에서 끝까지, 심지어 부산까지 함께 운전하며 동행했다. 상담 자료를 함께 만들고, 고객에게 줄 선물을 고르러 다니기도 했다. 신입들에게는 직접 교육을 하면서 기초를 다져주고, 선배 설계사들에게는 상담사례를 알려주면서 영업 스킬을 전수했다. 물론 나 혼자 시동을 건다고 되는 일은 아니다. 선배들이 후배를 챙길 수 있도록 하면서 조금씩 더 큰 구심력이 생길 수 있도록 했다. 이 모든 일은 사소해 보일 수도 있다. 하지만 경우에 따라서는 위대한 목표로 향하는 초석이 될 수 있는 중요성을 가지고 있다.

이렇게 지점원들의 마음을 열고 함께 뛰기 시작하자 성과는 매우 빠르게 달성됐다. 11월에 부임한 후 8개월 만에 개인당 평균 생산성에서 전국 1등을 달성했던 것이다. 물론 지점원의 숫자가 많지 않아서 총업적으로는 한참 미치지 못했지만, 그래도 그게 어디인가. 늘 그런 등수 따위는 신경도 쓰지 않던 지점이었고, 순위 발표가 날 때도 마치 남 일이라는 듯 무심했던 지점원들이었다. 하지만 모든 것이 달라졌다. 환경이 바뀌고 희망이 살아나고, 새로운 질주를 위한 시동이 걸린 것이다. 그때 나는 '3년 후 전국에서 총업적으로도 1등을 해 보고 싶다.'는 생각이 들었다. 그리고 정확히 3년 뒤 11월, 드디어 소망을 이룰 수 있었다.

변화해야 할 것이 많다고 느낄수록 간단한 것에서부터 시작해야 한다. 압박감이 심해질수록 쉬운 일부터 해야 한다. 노자(老子)는 이런 말을 했다. "세상의 어려운 일은 반드시 쉬운 일에서 만들어지며, 세상의 큰일은 반드시 작은 것에서 만들어진다."

사실 대단한 결과, 원대한 성과도 매우 작은 것에서 시작된다. '딱 한 사람'의 마음을 얻기 위해 노력하고, 말라버린 화분에 물을 주는 것에서 시작해 보자. 아마도 생각보다 변화는 빠를 것이며, 성과는 기대했던 것들을 넘어설 수 있다.

물론 한번 1등이 영원한 1등일 수는 없다. 상황은 늘 달라지고, 더 높은 목표는 계속해서 주어진다. 그래서 감상에 빠질 이유도 없고 게으를 수도 없다. 하지만 한번 했던 성공의 경험은 자신과 구성원의 뼛속에 박히고 가슴에 새겨진다. 이제 그때부터는 달려갈 일만 남게 되는 것이다.

## 오성급(5star) 체크포인트

★ 나와 타인을 압박하는 것만으로는 큰 성과를 거둘 수 없다.

★ 주변 환경부터 바꾸자. 그래야 감정이 바뀌면서 의지가 되살아 날 수 있다.

★ 작은 것, 쉬운 일부터 시작해 조금씩 변화시키자.

★ 모든 어려운 일, 대단한 일도 결국 조금씩 이루어지는 것일 뿐이다.

★ 부담감을 털어내고 꾸준함을 갖춘다면, 누구나 정상에 오를 수 있다.

# 반드시 탁월한 성과를 거두는 1-3-3 법칙

"탁월함을 추구하라. 그러면 성공은 저절로 따라올 것이다."
**디팩 초프라** 의사

　세상 어느 분야나 그 안에서 통용되는 성공의 법칙이 있다. 오랜 세월 검증되고 현실에서 효과가 증명된 것들이다. 보험과 영업의 세계에서는 '1-3-3 법칙'이라고 부를 만한 것이 있다. '하루에 3명의 사람을 만나고, 이 것을 3년 동안 유지하라.'는 내용이다. 보험에 이제 막 진입한 사람은 물론이고, 자신의 성과를 더 높이려고 하는 사람에게는 매우 중요한 내 용이다. 이 법칙을 정확하게 따르게 되면, 당장 이번 달의 실적만 좋아 지는 것이 아니라, 10년, 20년의 먼 미래까지 기약할 수 있게 된다. 오늘 내가 하는 실천이 미래의 내 상황까지 결정하게 된다니, 일등을 향한 투 지력을 가진 설계사라면 누구든 이 법칙을 다시 한번 되짚어봐야 할 필요 가 있다.

## 최고의 운동 선수들도 훈련량을 줄이지 않는다

보험업은 탈락률이 꽤 높은 업종이다. 10명이 시작하면 1년이 되지 않아 50%가 그만두고, 2년이 지나면 또다시 30%가 그만둔다. 결국 80%가 탈락하고 최종적으로 20%만이 영업을 이어갈 뿐이다. 회사에서 리크루팅을 할 때 경력도 보고 면접도 신중하게 하는데도, 이렇게 많은 사람이 짧은 기간에 그만두는 이유는 그만큼 영업이 어려운 일이라는 점을 증명하기도 한다. 그러나 지나치게 두려워할 필요는 없다. 사실 일정한 수준에 오른다면, 영업인이 할 일의 영역은 그리 넓지 않다. 복잡한 연구를 수행하는 일도 아니고, 세상에 없던 무엇인가를 창작하는 일도 아니다. 고객 발굴과 계약, 관리가 중심이 되는 일일 뿐이다. 그래서 '평범한 사람도 노력만 하면 평균 이상은 충분히 될 수 있다.'는 자신감을 주고 싶다. 다만, 보다 약진하는 결과를 만들고 싶다면, 반드시 지켜야 할 것이 있다. 바로 '노력의 절대량'을 사수해야 하며, 바로 여기에 1-3-3 법칙의 의미가 있다.

노력은 누구나 하는 것이지만, 중요한 점은 필요한 양만큼 충분히 해내는 절대량을 지켜야 한다는 점이다. 최고의 스포츠 선수일수록 더 혹독하게 훈련하는 경우가 많다. '저 정도의 따라올 수 없을 실력을 갖춘 사람이라면 혹독하게 연습하지 않아도 되지 않나?'라는 생각이 들기도 한다.

가장 대표적인 선수는 미국의 수영 선수 펠프스이다. 그는 120년이 넘는 올림픽 역사상, 모든 종목을 통틀어서 가장 위대한 선수로 꼽히고 있으며, 이제까지 딴 금메달만 20개가 넘는다. 그런데 지금도 그의 연습량은 압도적이라고 할 만하다. 매일매일이 훈련의 연속이며, 근육운동, 역도 등도 한다. '노력하는 천재'라고 불렸던 미국 농수 선수 코비 브라이언트 역시 농구계의 전설적인 선수였다. 득점왕, MVP는 수없이 많고 두 차례 올림픽에 참여해 금메달을 따기도 했다. 그는 '666워크아웃Work Out'이라는 자신만의 훈련법을 만들어 훈련했다. 매일 2시간 동안 달리고, 2시간 동안 슈팅과 기술 훈련을 하고 다시 2시간 웨이트와 폐활량 운동을 한다. 이렇게 하루에 6시간, 일주일에 6번 훈련했으며 이를 6개월간 지속한다. 일반 농구선수들은 하루에 2~3시간 정도 팀 훈련을 할 뿐이다. 한마디로 그의 훈련은 독하디독한 수준이 아닐 수 없다.

이처럼 세계 최고의 타이틀을 가지고 있으면서 훈련량을 줄이지 않는 선수들은 부지기수다. 그들이 이렇게 하는 이유는 그 수준을 유지하고 더 나아지게 하는 데는 '절대적인 운동량'이 필요하기 때문이다. 영업인들에게도 매일매일 쏟아부어야 하는 절대적인 노력의 양이 있다. 이것을 해내게 되면 실적은 점점 상승하게 되고, 평균보다 훨씬 높은 최상의 레벨로 올라가서 떨어지지 않는다. 이것에 대해서는 의심의 여지가 없다. 나는 보험업계에 들어온 이후 이제까지 이것을 했음에도 불구하고 월급이 줄

거나 끊겨 일을 그만두는 사람은 단 한 명도 보지 못했기 때문이다. 결론적으로 노력의 절대량을 채워주게 하는 '1일에 3명을 만나고 3년을 버티면' 그 이후에 영업이 안돼서 영업을 그만둘 일은 없다고 볼 수 있다.

## 슬럼프까지 극복해야 10년, 20년으로 향할 수 있어

출발은 우선 하루에 3명의 사람을 만나는 일이다. 영업을 오래 하다 보면 몇 사람과 통화하면 몇 건의 약속이 잡히고, 그 가운데 어느 정도 계약이 이뤄지는지에 대한 통계가 나온다. 내 과거의 경험과 주변 설계사들의 이야기를 종합하면, 대략 하루 열 명과 전화 통화를 하면 3명 정도와 미팅이 잡히고 그중 1명이 계약을 하게 된다. 따라서 하루에 3명을 만나는 것은 곧 하루에 1건의 계약을 한다는 의미이다. 다만 최종적인 계약까지 훌륭하게 수행해내려면 어느 정도 경험이 쌓여야 하기 때문에 일단 시작점에서 중요한 것은 바로 열 명과 통화하고 하루에 3명을 만나는 일이다. 물론 시간을 쓰는 스타일에 따라서 하루에 2명을 만나면서 주말에도 일할 수 있으며, 하루에 4명을 만나고 주말에는 쉴 수도 있다.

이렇게 하면 한 달에 총 10~15건 정도의 계약을 달성해 낼 수 있다. 이 정도의 실적이라면 자신의 월급에도 만족할 수 있으며, 의욕이 고양되는 최선의 상태라고 할 수 있다. 이렇게 되면 자신이 하는 일 자체에 대한 만족도가 높지 않을 리가 없다. 그리고 이를 1년, 2년을 지나 3년 정도 지속하게 되면 이제 영업에 관한 자신만의 노하우가 매우 확실하게 구축된다. 고객을 보는 눈이 길러지고, 대화를 하다 보면 고객이 무엇에 대한 니즈를 가지고 있는지도 금세 파악해낼 수가 있다. 그러니 시간 대비 효율성은 점점 높아지게 되고, 계약까지 걸리는 데 드는 만남의 횟수도 줄어들게 된다.

다만 3년이라는 기간을 이야기하는 이유는 그 사이에 슬럼프를 겪을 수도 있고, 개인적인 부침이 있을 수도 있기 때문이다. 특히 아무리 초기에 잘나가는 설계사라고 하더라도 3년 내에는 거의 대부분 슬럼프를 경험하게 된다. 따라서 이 시기를 이겨내야만 결국 자신의 위기 관리 방법까지 체득할 수 있게 된다. 물론 3년 이후에도 슬럼프를 언제든 다시 겪을 수는 있지만, 과거에 해냈던 극복의 기억이 그다지 어렵지 않게 또다시 일어설 수 있는 힘을 줄 수 있다.

더 중요한 점은, 이렇게 3년 정도를 지나고 나면, 이후의 10년, 20년을 보내는 것은 그다지 어려운 일이 아니라는 점이다. 한 달의 스케줄, 1년의 스케줄이 훤하게 눈에 들어오면서 자신감을 가지게 되고, 또한 경제적으로 안정이 되니 일에 더욱 전념할 수 있게 된다.

잊지 않아야 하는 것은 20~30년의 영업 인생도 결국 '오늘 하루'에서 시작되고 끝난다는 이야기다. 하루에 3명을 만나야만 20년의 장기간 성과가 보장될 수 있다. 영업은 어느 순간 확 잘하게 되거나, 어느 순간 갑자기 고객이 늘지 않는다. 물론 간혹 '정말로 영업 하나는 타고난' 사람도 있을 수 있겠지만, 그런 사람은 정말로 극소수에 불과하다. '하루 동안 3명의 사람을 만나고, 이것을 3년 동안 유지하라.'는 1-3-3 법칙이야말로 승리의 고지로 향하는 가장 확실한 지름길이다.

### 오성급(5star) 체크포인트

★ 어떠한 영업이든 사람을 만나는 일에서 시작하고, 성공은 '1-3-3'의 법칙을 따른다.
★ 3년이라는 시간은 그 안에 겪을 수 있는 슬럼프의 극복과정까지 포함이 되기 때문이다.
★ 옹골차게 보낸 이 3년은 이후 10년, 20년까지 일하게 하는 원동력이 된다.
★ 세계 최고의 기량을 가진 선수들도 결코 노력의 절대량을 줄이지 않는다.
★ 사활을 걸고 최정상을 조준한다면, 오늘 하루 3명을 만나는 일을 멈춰선 안 된다.

# 100명의 고객은 모든 흐름을 바꾸어 놓는다

"고객에 대해 집요할 정도로 집착해야 한다. 고객은 우리가 존재하는 이유다."
**제프 베조스** 경영자

 

 

'규모의 경제'라는 말을 들어보았을 것이다. 초기에는 투자 비용이 많이 들어서 다소 손해처럼 보일 수는 있지만, 시간이 흐를수록 생산 비용이 줄어들고 이익이 크게 증가하는 현상을 말한다. 즉, 일정한 규모가 달성되면 경제의 효율성이 극적으로 높아진다는 것을 의미한다. 영업인들에게도 이와 매우 흡사한 원리가 적용된다. 처음에는 고객을 만나도 계약이 잘 이뤄지지 않고, 괜히 바쁘기만 할 뿐 성과는 별로 많지가 않다. 거기다 늘 신규 고객을 발굴해야 하는 압박감도 가지게 된다. 그런데 이러한 여러 가지 문제가 해소되는 지점이 있다. 그것은 바로 '100명의 고객'이 달성되었을 때이다.

## 무슨 일이 생길지 몰라 즐거운 일

예로부터 100이라는 숫자는 그 의미가 매우 컸다. 아기가 태어나서 100일 동안 죽지 않고 살았을 때 백일잔치를 해주었고, 단군신화에서 곰이 마늘과 쑥을 먹고 견뎌야 했던 시간도 100일이었다. 결국 100은 성장을 위한 도약, 완전한 변화 등을 상징하는 숫자인 셈이다.

경험적으로 봤을 때 100명의 고객을 가지게 되면, 그때부터는 보다 원활하게 영업이 진행되며, 향후 10년, 20년 동안 영업을 해나갈 수 있는 아주 훌륭한 조건이 된다. 앞에서 말했던 1-3-3 법칙이 궁극적으로 지향하는 바 역시 100명이라는 고객의 확보이다.

나는 영업이란 '어디서 어떻게 잘될지 모르는 일을 하는 일'이라고 말하곤 한다. 대개 일반적인 일의 영역에서는 성과를 예측하고, 그 목표를 향해 점진적으로 나아가는 과정을 거치게 된다. 갑자기 느닷없이 성공의 요인이 튀어나오거나 하는 일은 잘 생기지 않는다. 그런데 영업은 성격이 좀 다르다. 예를 들어 처음에는 자신의 자녀를 위한 어린이 보험 2만 원을 들었던 고객이 2~3년 후에 사업이 잘돼서 몇백만 원의 큰 보험을 들기도 하며, 그 어린이가 청년이 되어서 스스로 자신을 위한 보험을 들기 위해 연락이 오기도 한다. 다른 설계사가 일을 그만둘 때 넘겨받는 고객들이 있는데, 알고 보니 그중 한 명의 직업이 의사여서 개원을 하면서 또 고액의 보험을 들기도 했다. 내가 예상하지 못했고 기대하지도 않았던 즐거운 일들이 여기저기서 터질 수 있다는 이야기다. 이것은 마치 나도 모르게 나를 위해 돌아가는 고마운 시스템이기도 하다. 경험적으로 봤을 때, 대체로 이런 일들이 자주 일어나는 시점이 바로 100명의 고객을 확보했을 때이다.

그뿐만 아니라 이때부터는 고객이 고객을 소개해 주는 일이 매우 빈번하게 일어난다는 점이다. 예를 들어 100명의 고객 중 절반의 사람이 1년에 딱 한 명의 고객만 소개해 주어도 나는 50명의 새로운 고객을 만나게 된다. 1년은 52주니까, 매주 고객이 소개하는 고객을 만나는 즐거운 경험을 하게 된다. 그리고 이렇게 새로운 고객이 계속해서 늘어날 때마다, 나의 실적은 차곡차곡 쌓이게 된다. 나는 지금은 영업을 적극적으로 하고 있지는 않지만 고객들은 아직도 꾸준하게 문의를 주고 있으며, 이를 통해 계약이 이뤄지고 있다. 이 모든 것은 바로 일정한 고객 수를 확보했을 때 발생하는 일이라고 할 수 있다.

## 3W가 대단한 이유, 꾸준함

그런데 이 '100명의 고객'은 또 하나의 매우 중요한 의미가 있다. 그것

리더의 도미노

은 성공적인 노하우의 완전한 고착화라는 점이다. 그 무엇이든 100번 정도를 해낸다면 어떨까? 그것이 장작을 패는 일이든, 산을 오르는 일이든, 혹은 캠핑을 하는 일이든, 무엇이든 100번 정도를 하게 되다면 아무런 어려움 없이 술술 해낼 수 있다는 의미이며 고수의 길에 서서히 접어들기 시작한다는 이야기다.

그뿐만 아니라 이렇게 꾸준하게 계약을 하게 되면 상품 해약에 따른 위험성에 대비하는 효과도 준다. 고객이 계약한 차후에 상품을 유지하지 못하면 설계사들에게도 타격이 생기게 된다. 예를 들어 지난 1년간 200만 원짜리 계약을 5건 한 사람과 꾸준하게 20만 원짜리 계약을 50건 한 사람이 있다고 해 보자. 전자의 경우 한 건만 해지가 되어도 200만 원짜리 상품이 날아가지만, 후자의 경우 한 건이 해지되어 봐야 20만 원의 손해만 날 뿐이다. 그만큼 정기적으로 꾸준하게 계약을 해야만 리스크를 줄일 수 있고 이렇게 하기 위해서는 100명의 고객이 출발점이 되어야 한다.

이러한 꾸준함을 강조하는 것에서 생겨난 것이 바로 보험업계의 '3W' 이다. 일주일에 꾸준하게 3건의 계약을 의미하는 '3 Per Week'의 약자이다. 메트라이프는 이것을 STAR(Success, Triple Achieve, wRite)라고 부르는데 이것을 100주, 200주, 300주씩 해내는 사람이 있고 심지어 1,000주를 달성해내는 설계사도 있다. 이렇게 3W를 해내는 분들은 매우 높게 평가

받는데, 바로 '꾸준함의 힘'을 갖췄기 때문이다.

결국 '100명의 고객'은 설계가 개인의 규모의 경제를 달성해내는 기준이자, 고객이 또 다른 고객을 소개해 줄 수 있는 토대가 되며, 마지막으로 계약 해지에 따른 위험성도 막아주는 새로운 경지라고 할 수 있다. 하버드대 심리학과 윌리엄 제임스 교수는 "꾸준함이 비범함을 만든다."라는 말을 했다. 결국 100명의 고객을 만들었을 때 드디어 한 명의 평범한 설계사는 '비범한 설계사'로 업그레이드된다고 볼 수 있다.

### 오성급(5star) 체크포인트

★ 가장 힘든 시기는 초창기이다. 사람을 많이 만나도 실적이 그다지 높지 않고, 괜히 의미 없이 몸만 바쁜 것처럼 느껴지기 때문이다.

★ 그러나 '규모의 경제'에 다다르면 많은 문제가 해결되고, 그 시점은 '100명의 고객'이다.

★ 경험적으로 이때부터 고객이 고객을 소개하는 경우가 많아지게 된다.

★ 비범함도 결국에는 꾸준함에서 탄생한다.

★ 100명의 고객을 만들 때까지 지치지 않고 노력해야 한다.

# 가업으로 대를 이어갈 수 있는 직업

보험 설계사라는 직업은 '가업'이 될 수도 있다. 우리는 '가업 승계'라고 하면 기업만 자녀에게 물려주는 것이라고 생각하지만, 평생 자신이 일군 고객 리스트를 자녀에게 얼마든지 물려줄 수가 있다. 그런데 이렇게 가업으로까지 키우기 위해서도 최소 100명의 고객으로부터 시작해야 한다.

실제 아는 설계사 중 한 분은 30대에 업계에 발을 들여 70세까지 일을 하셨다. 그리고 그분은 평생 자신이 영업한 고객들을 고스란히 딸에게 물려주었다. 자신의 사위에게 물려주신 분도 있다. 이제는 의지만 있다면, 얼마든지 보험업을 가업으로 이어줄 수 있는 시대가 되었다고 할 수 있다.

사실 나 역시 충분히 그럴 의향이 있다. 내 자녀가 영업으로 자신의 삶을 꾸리고 싶다면, 언제든 도와줄 생각이다. 다만, 이렇게 보험업을 승계하는 것이 꼭 자녀에게 경제적으로 유리한 조건을 물려준다는 의미만 있는 것은 아니다. 왜냐하면 이것은 고객에게도 충분히 도움이 되기 때문이다. 자신이 과거에 들었던 보험을 다른 사람도 아닌, 해당 설계사의 자녀가 이어서 관리해 준다면 충분히 계속 믿고 맡길 수 있으며, 또 여전히 성실한 상담을 받을 수 있다는 안정감이 생기기 때문이다. 더불어 자신의 자녀도 대를 이어 보험 계약을 맺는다면, 고객이든 가업을 승계하는 설계사든 양쪽 모두에게 다 이익이 될 수 있기 때문이다. 시작은 미약할 수도 있지만, 자신의 노력 여하에 따라 가업으로까지 물려줄 수 있는 직업은 그리 많지 않을 것이라고 본다.

실제 이런 사례는 일본에서 자주 볼 수 있다. 큰 기업이 아니라고 하더라도 '노포'라고 불리는 오래된 점포나 식당들이 있다. 현재 일본에는 백 년이 넘는 역사를 가진 노포가 1만 5천 개나 있다고 한다. 이런 승계에서 중요한 점은 바로 선대의 노하우와 고객까지 함께 전수된다는 점이다. 이 과정에서 고객도 오래된 단골집을 잃지 않는다는 장점이 있다. 더불어 이는 '장인정신'이라고 할 수 있다. 아버지가 해온 일을 자녀가 이어 나가면서 더 발전시키고, 그 일에 전념하면서 새로운 노하우를 쌓는 과정이기도 하다. 앞으로 보험업에서도 이러한 가업 승계, 장인정신이 발휘될 수 있기를 기대해본다.

# 성공하기 위해 노력하지 말고, 포기하지 않기 위해 노력하라

"당신이 더 많이 배우고, 더 많이 성장하며, 더 많은 탁월한 성과를 이루기를 원한다면, 현재 위치에서 최선을 다해야 한다."
**지그 지글러** 세일즈맨

직업에 상관없이 사람들이 제일 두려워하는 일이 바로 실패이다. 그런데 실패도 실패지만, 자신에 대한 실망감, 자괴감 등이 더 두렵기도 하다. 자신을 믿지 못하게 되고, 또다시 시도조차 하지 못할까 봐 이를 두려워해서 아예 목표 자체를 낮게 잡으면서 실패의 위험성을 최대한 줄이려 하기도 한다. 더구나 높은 목표를 떠벌려 놓았다가 주변의 기대에 부응하지 못하는 점도 걱정이 된다. 그러나 나는 실패에도 두 종류가 있다고 생각한다. 하나는 정말 자신에 대한 실망감이 드는 실패가 있는가 하면, 그와는 전혀 다른 뿌듯한 성취감을 느끼는 실패도 있다. 나를 후자를 '멋진 실패'라고 부른다. 이런 실패라면 자주 해도 상관없으며, 그때마다 오히려 자신이 더 발전하고 있음을 느낄 수 있을 것이다.

## 마감 5일 전, 실패가 예견되었음에도 불구하고…

지난 17년간 수많은 설계사들을 보면서 그들이 가장 위험해지는 순간은 게을러질 때라는 사실을 알게 됐다. 문제는 의도적으로 게으르게 살고 싶은 사람은 거의 없다는 점이다. 특히 영업이라는 현장의 전투에 뛰어든 사람들은 대개 성격적으로도 활력이 넘치고 마음도 단단히 먹고 시작한다. 따라서 게으름은 그들의 천성과도 맞지 않다고 할 수 있다. 그럼에도 불구하고 게을러지는 이유는 바로 의욕이 사라졌다는 의미이며, 이는 곧 정신적 에너지가 소진되었음을 말한다.

사실 설계사는 늘 성취감과 실망감의 롤러코스터에 타고 있는 존재라고 해도 과언이 아니다. 매달 마감을 하면서 자신의 성과를 평가받는 삶은 결코 녹록지 않다. 하지만 이런 상황에서도 자신에 대한 실망감으로 에너지가 소진되고 의욕이 떨어지는 일을 막을 방법이 있다. 그것은 바로 '멋진 실패'를 하는 것이다.

과거에 '한 달에 119건의 청약을 해 보겠다.'는 원대한 목표를 세운 적이 있었다. 여기에서 119라는 상징적인 숫자의 의미는 내가 소방관을 했었기에 신고 번호 119에서 따온 것이다. 당시 내가 속한 지점에서 한 명의 설계사가 한 달 평균적으로 해왔던 계약은 4건이었다. 그러니 나의 목표는 그 30배에 달하는 것이었다. 누가 봐도 용기 있는 목표라기보다는 무모한 목표, 혹은 제정신 아닌 목표였다. 물론 주변의 설계사들도 나의 이런 말을 거의 믿지 않는 눈치였다. 아무리 생각해도 달성하기 힘든 숫자였기 때문이다. 하지만 나의 각오 역시 대단했다. 일상의 모든 습관을 바꾸면서 영업에 총력을 다하도록 환경을 만들어 놓았고, 정말 불같은 기세로 일을 해나갔다.

마감 5일을 남겨두고 계약 건수는 70건의 청약에 달했다. 이는 이제까지 하루에 2~3건을 해왔다는 이야기다. 그러면 남은 5일 동안 많이 해 봐야 15건이 전부다. 그래 봐야 85건에 불과해 119건에 못 미치고 애초의 계획은 실패하게 되어 있다. 하지만 나는 그럼에도 포기하지 않았다. 누가 봐도 불가능하다고 했지만, 여전히 마지막 날까지 나의 목표는 119건이었다.

드디어 마감일. 최종적으로 나는 92건의 청약을 했지만, 최초의 목표는 실패했다. 119건은 턱없이 무리였다. 그런데 그때 한 가지 과거에 느끼지 못했던 감정이 들었다. 무엇인가에 실패했기에 나에 대한 실망감이 드는 것이 아니라 오히려 뿌듯한 감정이 밀려들었다. 끝까지 포기하지 않았던 나 자신에 대한 큰 자부심이었다. 실패를 눈앞에 두고도 흔들리지 않았고, 뻔히 예상되는 결과임에도 불구하고 마지막 날 업무 마감 시간까지 최선을 다한 나에 대한 대견함이었다. 그때 나는 처음으로 '이런 실패라면 정말 멋진 실패가 아닐까?'라고 생각하게 됐다.

## 성공보다 포기하지 않는 것이 더 쉽다

이로써 나는 설계사들이 흔히 겪게 되는 성취감과 실망감의 롤러코스터에서 벗어날 수 있는 방법을 깨달았다. 결과가 성공이든 실패든 상관없다. 끝까지 포기하지 않는 정신이야말로 나를 바로 세울 수 있는 비결인 셈이다. 관리자가 된 이후 내가 설계사들에게 가장 강조하는 점도 바로 이것이었다. "못하는 것은 괜찮다. 그 대신 안 하는 사람이 되지 말자."라며 포기하지 않도록 조언한다.

'포기도 습관이 된다.'라는 말이 있다. 실제로 포기가 일상인 사람들도 있다. 공부도 중간에 포기하고, 자격증 시험도 중간에 포기하고, 심지어 연애도 포기하곤 한다. 물론 그럴 만한 이유가 있다면 어쩔 수 없지만, 그저 힘들고 귀찮은 일들을 더 이상 견디지 못하고 포기하는 경우라면 문제가 심각하다.

사실 중간에 포기하는 일은 자신의 가능성을 스스로 닫는 일이라고 할 수 있다. 내가 가진 정신력과 실력의 한계를 알아보는 것조차 못 하게 하는 일이다. 내가 한 달 119건에 도전해본 뒤 확신하게 된 것은 '나는 119건을 못 한다.'가 아니라 '나는 90건은 충분히 할 수 있다.'는 사실이었다. 이러한 자신감에 기반해 그 뒤로는 90건 이상으로 도전할 힘을 얻게 된다. 비록 실패는 했지만, 그것은 나의 한계에 대한 탐험이었기에 새로운 확신을 덤으로 얻게 됐다.

나는 늘 일등이 되고 싶다면 '작은 것, 쉬운 것'에서 시작하라고 말해왔다. 이는 성공에 대해서도 마찬가지다. 성공을 위해 노력하는 것도 중요하지만, 그 전에 포기하지 않는 것부터 시작해야 한다. 사실 성공하는 일보다는 포기하지 않는 일이 좀 더 쉽다. 성공은 무엇인가에 올라서야만 되는 일이지만, 포기하지 않는 일은 처음의 생각만 유지하고 견뎌도 할 수 있는 일이기 때문이다.

목표를 세우고, 비록 실패가 예견된다고 하더라도 끝까지 애초의 결심을 유지해 나가는 일은 생각보다 큰 성과를 낳는다. 그리고 이 '멋진 실패'들이 차곡차곡 쌓이면, 그제야 자신도 모르게 성공해 있는 자신을 보게 된다고 믿는다.

### 오성급(5star) 체크포인트

★ 영업인들은 성취감과 실망감 사이에서 끊임없이 감정적인 격랑을 겪는 환경에 처한다.
★ 목표를 포기하지 않는 것은 설사 실패했더라도 실망감에 큰 타격을 입지 않는 무기가 된다.
★ 중요한 것은, 실패가 예상되더라도 절대로 포기하지 말아야 한다는 점이다.
★ 그렇게 포기하지 않고 끝까지 하다 보면 '내가 해낼 수 있을 것들'에 대한 확신이 생길 것이다.
★ 성공도 중요하지만, 우선 포기하지 않는 힘을 키울 필요가 있다.

## 스스로 새로운 영업의 길을 개척하라

내 인생의 원대한 계획 중 하나였던 '한 달 119건 도전 사건'을 통해서 나는 아주 독특한 실험 하나를 한 적이 있다. 그것은 바로 고객을 나의 영업사원으로 활용하는 방법이다. 사실 이는 완전한 역발상의 일종이라고 할 수 있다. 영업인들에게 고객은 고객일 뿐, 그들이 나를 대신해서 영업한다는 생각을 하기는 쉽지 않기 때문이다. 하지만 결과적으로는 충분히 만족할 만한 성과를 거두었고, 이와 더불어 목표를 세우면 어떻게 해서든 그것을 가능케 하는 방법을 만들어 낼 수 있다는 점을 깨달을 수도 있었다.

사실 119건 계약은 설계사 한 명이 해내기는 불가능에 가까운 목표이다. 나 역시 그 점을 알고 있기에 방법을 생각하다가 '고객에게 영업을 맡기면 어떨까?'라는 생각이 들었다. 내 몸은 하나지만, 고객들은 여러 명이기에 훨씬 효율적으로 계약할 수 있을 것이라 예상했다. 그래서 전체 300명의 고객에게 캠페인을 제안하기 위한 기획을 시작했으며, 그 이름도 'ACC(안현진 커스터머 캠페인)'라고 지어 보았다.

내용은 본인이나 지인을 통해 1인당 5명의 고객을 소개시켜주면 제주도 2박 3일 여행을 보내주겠다는 내용이었다. 그 결과 총 5명이 달성했고, 나는 소개로 인해 50건의 계약을 한꺼번에 올릴 수 있었다. 다만 나의 목표는 최종적인 계약 건수만은 아니었다. 이러한 고객 캠페인 과정에서 그들이 앞으로도 나와 보다 깊은 관계를 가질 수 있기를 기대했기 때문이다. 그래서 무엇보다 정성을 쏟은 것이 바로 제주도 여행의 실질적인 내용이었다. 그저 비행기와 펜션만 예약해주고 알아서 즐기라는 하는 것은 애초에 캠페인의 취지를 충분히 살릴 수가 없었다.

그래서 하나하나의 프로그램에 지극한 정성을 들였다. 펜션을 통째로 하나 빌리고 마치 호텔처럼 침대 위에 과일 바구니를 올려놓고, 방 키를 증정하고 지점장님 이름으로 감사의 카드를 전했다. 내 이름으로 하면 좀 민망하기도 하고, 회사 차원에서 캠페인이 진행되고 직접 감사 말씀을 올리면 더 뿌듯해할 것만 같았기 때문이다. 고객별로 맞춤 여행코스도 제공했다. 아이가 있는 고객에게는 아쿠아리움 입장권, 부부 고객이라면 올레길 산책 후 에코랜드 입장권, 활동적인 고객에게는 배낚시도 예약해 드렸다. 그리고 저녁에는 바베큐파티를 열었다. 커피도 유명한 바리스타의 원두를 구매해 신경 쓰고, 조식은 내가 직접 차려드리기도 했다.

이 여행 기간 동안 많은 비용과 정성이 들어갔지만, 나는 고객들의 소개로만 50건의 계약은 물론, 이후 그 고객들은 내 영업의 중요한 키맨이 되어주었다. 그 이후에도 그분들은 계속해서 기회가 있을 때마다 새로운 고객을 소개해 주었기 때문이다.

나는 늘 팀원들에게 "높은 목표를 잡아라."라고 조언한다. 원래 100을 할 수 있다면 150, 200을 잡아야만 그 목표 달성을 위해 아이디어를 짜게 되고, 그 결과 더 강한 의지로 목표에 도전할 수 있기 때문이다. 더불어 세상에 고정된 영업 방법이란 존재하지 않는다. 검증된 것만 따라 해서는 언제나 그 틀에만 갇힐 뿐이다. 스스로의 힘으로 계속해서 새로운 검증을 하면서 영업의 길을 개척해나갈 때, 비로소 '나만의 경쟁력'이 생길 수 있다.

# 나를 전진시키는,
# 습관이라는 힘

"탁월함은 행동이 아니라, 습관이다.
그러므로 당신이 매일 하는 일들이 당신이 되는 것이다."
**빈스 롬바르디** 미식축구 감독

'나쁜 습관에서 벗어나야 한다.'라는 말을 뒤집어 보면, '좋은 습관에 항상 머물러야 한다.'는 것이다. 좋은 습관이란 나를 효율적으로 작동시키는 힘이며, 내 삶을 지켜주고 앞으로 전진하게 해주는 매우 효과가 큰 무기다. 좋은 습관들을 가지고 있으면, 저절로 그 습관이 나를 좋은 방향으로 몰고 가 준다. 그래서 '성공하는 사람들은 성공하는 습관을, 실패하는 사람들은 실패하는 습관을 가졌다.'라는 말은 진리라고 할 수 있다. 그런데 영업인에게는 이 습관이 더욱 중요한 역할을 한다. 사람들을 정기적으로 만나고, 설득하고, 기다리고, 관리해야 하는 이 만만치 않은 일과를 성공적으로 수행하기 위해서는 무엇보다 습관을 통해 나를 최대한 잘 작동시켜야만 하기 때문이다.

리더의 도미노

## 습관 조절은 결국 마음의 조절

우리는 매일 마음의 다짐을 통해서 하루를 관리하고자 한다. 아침에 거울을 보면서 '오늘도 열심히 살아보자!'라고 다짐하기도 하고, 스케줄러를 보면서 더 의지를 다지기도 한다. 물론 이러한 마음의 힘도 매우 중요하지만, 여기에 큰 힘을 보탤 수 있는 것이 바로 '습관이 만들어내는 자동화'이다.

수영선수 박태환은 늘 경기를 시작하기 전에 항상 헤드폰으로 음악을 듣는 습관을 가지고 있다. 그가 어떤 노래를 듣는지는 모르겠지만, '음악 차트 100'과 같이 무작위로 노래를 듣지는 않을 것이다. 아마도 마음을 차분하게 하고 집중력을 높이는 자신만의 음악이 아닐까.

나 역시도 한때 가수 이승철의 '마이 러브'라는 노래를 자주 들었다. 다 합치면 10,000번도 넘게 들었을 것이다. 이 노래를 들을 때는 항상 고객과의 상담 전이었다. 그 노래를 들으면 왠지 나의 마음이 최적화되고 상담에 알맞게 세팅 된다는 느낌이 들곤 했다. 그래서 나는 '마이 러브'를 듣는 습관을 통해 항상 똑같은 기분으로 고객과의 상담을 수행해냈다. 그런 기분에서 상담을 했을 때 계약률이 꽤 높았기 때문에 무려 10,000번이나 들을 수 있었을 것이다.

또 하나의 중요한 습관은 바로 정확하게 밤 11시에 잠들어서 새벽 6시 전에 일어나는 일이다. 물론 제대로 수면을 취하는 것은 건강에도 매우 중요하지만, 사실 또 하나 덤으로 얻는 것이 있다. 바로 하루에 대한 완전한 통제감과 여유로움이다. 오전에 많은 일들을 해결해 놓으면 마음이 급해지지 않고 차분하게 계획에 따라 하루의 모든 일을 다 순조롭게 처리할 수 있게 되고, 저녁에는 만족감을 느낄 수 있다.

이렇게 본다면 습관은 나의 의지와는 별도로 나를 작동시키는 또 하나의 힘이 된다. 실제 미국의 한 대학에서 연구한 결과에 따르면, 우리가 매일 행하는 행동의 약 40%는 합리적인 판단에 의한 것이 아니라, 습관 때문이라고 한다. 따라서 매일 좋은 습관에 의지하고 있다면, 40%에 해당하는 의사결정을 줄일 수 있기 때문에 에너지를 절약할 수 있고, 더 많은 일들을 해낼 수 있다. 즉 평소에 다짐을 하면서 전투력을 높이고, 여기에 습관의 힘까지 보탠다면 자연스레 시너지 효과가 발생하게 된다.

## 습관 들이기의 비결

습관의 위대한 힘을 느꼈던 또 하나의 경험이 있다. 일단 습관으로 일정한 상태에 돌입하게 되면, 더 이상 의지를 가지지 않아도 그 상태에서 쉽게 내려오지 않는다는 점이다.

영업을 시작한 초기에 제일 걱정되는 부분은 내가 놀기를 너무 좋아하는 사람이라는 점이었다. 그래서 이에 대한 대비책으로 '달력에 동그라미 치기'를 시작했다. 하루에 3명을 만나는 날은 동그라미를 쳐서 시각적으로 보여주고, 최소한 한 달 30일 중에 20일 정도는 그렇게 하기로 결심했다. 힘들어도 꾸준히 동그라미를 치겠다는 의지로 1년 정도 노력했더니 매달 최소 20개, 어떤 달은 25개까지 동그라미가 쳐져 있었다.

그런데 그다음 해부터는 동그라미를 치는 것 자체가 별로 의미가 없었다. 동그라미를 치든 치지 않든, 거의 일정하게 3명 정도를 만나고 있었기 때문이다. 과거에는 의도적으로 해야 했던 것들이 어느 순간부터는 자동적으로 이루어지고 있었다. 고대 철학자인 아리스토텔레스가 "습관은 결국 인간의 천성이 된다."라는 말을 했다고 하는데, 정말 놀기 좋아하는 나의 천성이 바뀐 느낌이 들 정도였다.

물론 사람들이 제일 힘들어하는 부분은 처음 좋은 습관을 들이는 시기이다. 이때에는 잠깐만 방심해도 원래의 모습으로 되돌아가려 한다. 왜냐하면 우리는 특정한 습관 안에 머물 때 매우 편안함을 느끼고 일시적이나마 불안도 사라지기 때문이다.

나는 이런 부분을 해결하기 위해서는 '생각과 판단을 멈추는 일'이 제일 중요하다고 생각한다. 자꾸 과거로 돌아가고 싶은 생각과 마음이 들겠지만, 이것은 과거의 나쁜 습관이 나를 설득하는 일일 뿐 내가 진심으로 원하는 바는 아니다. 따라서 이때는 생각과 판단을 멈추고, 좋은 습관을 들이려고 했던 다짐의 목소리에 더 귀를 기울일 필요가 있다.

## 습관은 반드시 길들여진다

습관 길들이기와 관련해서 매우 흥미로운 사실이 있는데, 습관 길들이기는 초기에만 어려울 뿐 나중에는 매우 쉬워진다는 사실이다. 이는 인간의 뇌가 습관의 좋고 나쁨을 구별하지 못한다는 데 근거한다. 그냥 길들이면 길들이는 대로 순응하게 된다는 점이다. 인간의 뇌에 다소 바보 같은 구석이 있다는 생각도 들지만, 일단 내가 끌고 가는 대로 충실하게 길들여진다는 점에서 나쁜 습관을 버리기가 그리 어렵지만은 않다는 사실을 알 수 있다.

내가 '마이 러브'를 자주 듣던 시기에는 운전과 주차하는 시간을 아끼기 위해서 운전기사를 고용하고 있었다. 처음에는 내가 '마이 러브'를 너무 많이 들으니까 "너무 지겨운데 다른 노래를 들으면 안 되냐?"고 묻기도 했다. 그런데 너무 많이 들어서인지 한번은 그 노래를 듣지 않고 출장을 간 적이 있었다. 그랬더니 오히려 운전기사가 "왠지 이상하게 허전한데 마이

러브를 들으면 안 되냐?"고 묻는 것이었다. 바로 이런 부분에서 뇌는 무조건 길들이는 대로 움직인다는 사실을 경험했다. 결국 좋은 습관을 새로 장착하려면, 그저 하루하루 반복하면 된다. 그러면 뇌는 알아서 길들여지고, 과거로 되돌아가려고 하는 힘은 점점 약해질 수밖에 없다. 그리고 일정한 단계에 들어서면 이제 거기서 벗어나려고 하지 않기 때문에 습관은 완전히 고착된다.

습관을 바꾸는 일은 결국 내 인생을 바꾸는 일이다. 초기의 저항과 반발만 견딜 수 있다면, 누구나 자신을 작동시키는 또 하나의 강인한 힘을 얻을 수 있을 것이다.

### 오성급(5star) 체크포인트

★ 습관은 의지와 다짐을 도와줄 수 있는 또 하나의 큰 힘이다.
★ 좋은 습관을 길들이면, 의사결정에 들어가는 40%의 에너지를 줄일 수 있다.
★ 초기에는 저항과 반발이 터져 나온다. 그러나 이는 과거 나쁜 습관의 목소리일 뿐이다.
★ 뇌는 '좋은' 습관과 '나쁜' 습관의 차이를 알지 못한다. 그냥 습관 자체를 좋아하는 것이다.
★ 따라서 생각과 판단을 멈추고, 좋은 습관을 길들이려 했던 원래의 다짐에 귀 기울여야 한다.

## 자신을 재촉하는 현명한 습관

사람은 누구나 게을러질 수 있다. 또 열심히 일하다 보면 어느 순간 의도적으로라도 게을러질 수 있다. 물론 잠시 그러고 말면 상관없지만, 게으름에 익숙해질 때에는 특단의 조치를 취해야 한다. 나는 그럴 때마다 나만의 방법으로 이를 극복하려고 한다.

'상할 수 있는 음식 사기'라는 좀 이색적인 방법이다. 이 방법을 개발하게 된 계기는 우연히 이모의 농장에서 구매한 단호박 때문이었다. 만나는 고객마다 선물할 요량으로 한 100박스를 사서 차에 싣고 다녔는데, 신경을 쓰지 못하다 보니 어느새 조금씩 상하기 시작했다. 그때 급한 마음에 더 상하기 전에 여러 고객을 빨리빨리 만나려고 했었다. 이 일로 '아, 내가 게을러질 때면 상할 수 있는 야채나 과일 등을 사서 차에 쟁여 두면 급한 마음이 들어 빨리빨리 고객을 만나러 다니겠구나!'라고 생각하게 됐다. 그때 이후로 지방에 출장을 갈 때마다 감자, 옥수수, 복숭아, 때로는 삼겹살을 구매하기도 한다. 이런 것들을 차에 놓아두면 가만히 썩어가는 것을 두고 볼 수가 없다. 가끔 게을러지고 있다고 느낀다면, 이런 방법을 한번 활용해 보는 것은 어떨까? 이 역시 자신을 작동시키는 습관의 힘이 될 수 있다.

# 시간 관리는 정신적 능력을 관리하는 일

"시간을 현명하게 사용하는 사람은 인생을 성공적으로 이끈다."
**존 C. 맥스웰** 리더십 전문가

영업인들은 시간과 싸우는 사람들이다. 더 많은 사람을 만나기 위해서는 더 많은 시간이 필요하기 때문이다. 거기다가 매달 실적이 숫자로 평가되기 때문에 늘 시간에 쫓기면서 사는 사람들이 많다. 하루에 정해진 시간만 일하고 딱 그만둘 수 없는 처지라 시간이 더욱 소중하게 느껴지기도 한다. 그래서 일찍 일어나서 그만큼 시간을 더 확보하는 일이 필요하다. 하지만 하루 24시간은 변하지 않는다. 일찍 일어나려면 그만큼 더 일찍 자야만 한다. 그래서 일찍 일어나는 일도 중요하지만, 시간을 자신의 스타일대로 '디자인'하는 것이 무엇보다 중요하다.

## 시간을 디자인하라

한국인들은 시간의 절대 부족 상태에서 살아가고 있다. 시장 조사 전문기관에서 성인 1,000명을 대상으로 하루의 시간 사용에 대한 설문 조사를 한 적이 있었다. 흥미로운 점은 전체의 30%가 '물리적 시간'이 부족하다고 응답했지만, 그 두 배인 60%는 '심리적 시간'이 부족하다고 답했다. 물리적 시간이란 하루 24시간을 의미하는 것이지만, 심리적 시간은 주관적으로 마음이 느끼는 시간을 의미하면서 동시에 시간 사용에 만족감을 느끼느냐의 여부이다.

시간을 의미 있게 쓰지 못했다고 느낄 때 우리는 심리적 시간이 부족하다고 느낀다. 이것을 '시간 빈곤감Time poverty'이라고 말한다. 이런 상태는 여러 부분에 부정적인 영향을 끼치게 된다. 삶의 만족감과 긍정성이 떨어지게 되고 창의성이나 업무 능력도 저하되고 인간관계의 질마저 하락한다는 점이다. 실제로 시간이 있어야만 같은 문제도 다른 관점으로 바라보면서 새로운 시도를 할 수가 있는데, 시간 빈곤감을 느끼게 되면 그저 이제까지 해왔던 대로 계속해서 관습적인 대응을 하게 된다. 이런 문제를 해소하는 방법의 하나가 바로 '최적화된 형태로 시간을 재배열하는 일'인데, 나는 이것을 '시간 디자인'이라고 부른다.

리더의 도미노

일을 시작한 뒤 3년 차 정도가 되었을 때였다. 하루는 새벽 3시에 잠이 깼는데, 다시 잠들기 힘들 것 같았고 실제로도 잠이 오지 않았다. 기왕 일찍 일어난 김에 사무실에 출근하자는 생각으로 회사로 향했다. 그렇게 해서 새벽 4시에 출근하고 업무를 시작했다. 5시간 정도를 일하고 나니 동료들이 출근하는 9시가 되었다. 그들은 이제 막 일을 시작하려고 컴퓨터를 켜고 있을 때, 나는 더 이상 할 일이 없어서 컴퓨터를 꺼야만 했다. 그 순간 오늘 누릴 수 있는 자유로운 하루가 상상됐다. 오전 9시에 벌써 하루의 일을 모두 끝냈으니, 그때부터는 내가 무엇을 하든 상관이 없었다. 그냥 하루가 공짜로 주어진 신나는 기분이었다. 당시의 느낌이 너무 좋아서 이후부터는 늘 새벽에 출근하는 습관을 들였고 요즘도 밤 10시 30분 정도가 되면 서서히 잠자리에 들 준비를 하게 된다.

새벽에 일을 하게 되면서 낮에 사우나를 하기도 하고, 고객을 만나 간단히 낮술을 하기도 했다. 내가 지금 제대로 가고 있나 여유 있게 되돌아볼 수도 있었다. 한마디로 '완전한 시간 자유인'이 된 것이다. 물론 이렇게 시간을 자신에 맞게 디자인하는 분들은 많다. 그중에서도 매우 특이한 디자인 사례는 NC소프트의 김택진 회장이다. 그는 저녁 7시에 잠자리에 들어 새벽 1시에 일어난다고 한다. 정확한 이유를 알 수는 없지만, 아마도 새벽 1시부터는 전화나 카톡 등 연락이 오지 않아서 대기업 오너로서 중요한 의사 결정 등에 집중할 수 있기 때문이 아닐까.

그런데 이러한 생활이 주는 교훈은 단지 일찍 일어나면 시간적 여유가 많아서 일을 더 많이 하게 된다는 의미가 아니다. 하루 24시간이 변할 리는 없기 때문에 일하는 시간 자체는 비슷할 수밖에 없다. 하지만 최대한의 만족감 속에서 시간을 사용할 수 있으며, 남들은 생각지도 못한 것을 해낼 수 있다는 장점도 있다.

## 나를 고양시키는 마음의 힘

특히 이러한 기분은 자신을 고양시키는 매우 특별한 '약효'라고 할 수 있다. 우리는 하루를 살아가면서 미세한 감정들에 의해서 고양되기도 하고, 또는 힘이 빠지기도 한다. 시간적인 여유가 있고, 자신이 하루를 통제한다는 느낌을 갖게 되면 가볍고 활기차고 감정 전체가 고양된다. 반대로 계속해서 쫓기는 느낌, 하나하나 억지로 처리해 나가야 한다는 느낌이 들면 자신도 모르게 지치게 되고, 사는 게 재미가 없어진다.

이런 고양된 느낌이 어느 정도까지 강한 힘을 주는지를 체험적으로 느낀 적이 있다. 서울에서 전라북도 군산에 아침 7시까지 가고, 그다음에 광주와 태안을 거쳐서 상담을 해야 할 일이 있었다. 그러니 결국 새벽 4시에 출발할 수밖에 없었다. 그렇게 해서 전국을 무대로 했던 하루 일과를 마치고 보니 하루에 거의 22시간을 일한 꼴이 되었다. 집에 돌아오니 새벽

2시가 다 되어 있었다. 잠을 많이 못 잤으니 운전할 때 졸릴 것 같았지만, 거의 졸리지 않았고 배도 그다지 많이 고프지도 않았다. 평소와는 좀 다르다는 생각이 들었는데, 그때 왜 그랬는지 곰곰이 생각해 보았더니, 그것은 심리적인 고양의 효과였다. 그날 하루만큼은 마치 내가 세상에서 제일 일을 열심히 하는 사람 같다는 생각이 들었고, 그게 육체적으로도 영향을 미친 것이다.

우리는 흔히 '마음의 힘'은 눈에 보이지 않기 때문에 그다지 영향을 미치지 않는다고 생각하지만, 현실에서는 체력만큼이나 강한 영향을 준다. 시간을 디자인해서 일하는 시간을 균형적으로 배치하고 그 안에서 느껴지는 여유와 자유로움은 신선한 자극제가 될 수 있다.

나처럼 새벽에 일어나도 되지만, 7~8시에 일어나 하루를 시작해도 상관은 없다. 어떤 경우는 내일 일을 오늘 밤에 거의 해결해 놓는 것도 방법일 수 있다. 그 어떤 방법이든 중요한 점은, 내가 자유를 느낄 수 있고 만족감 속에서 하루를 보낼 수 있도록 시간을 재배열하는 일이다. 시간을 지배하는 사람이 결국 자신의 인생과 성과, 행복을 지배하는 사람이 될 수 있을 것이다.

★ 하루의 시간 사용이 매우 만족스러운지부터 되돌아볼 필요가 있다.

★ 시간 빈곤감 속에서 살아가게 되면 일도 지치고 인생이 재미없다는 생각이 많이 들게 된다.

★ 이럴 때 절대적으로 필요한 일이 바로 '시간 디자인'이다.

★ 자유롭고, 만족감을 느낄 수 있도록 하루의 시간을 재배열할 필요가 있다.

★ 더불어 하루의 통제감 속에서 느껴지는 감정의 고양은 든든한 '마음의 힘'이 되어줄 것이다.

# 가족을 통한 삶의 균형 유지

결혼한 남성들에게 '가족'이란 어떤 의미일까? 결혼해서 가장 좋은 점은 아내가 옆에 있는 것이고, 가장 힘든 점도 아내가 옆에 있는 것이라는 말이 있다. 사람에 따라서 '행복'일 수도 있겠지만, 때로는 '의무'로 다가오지 않을까 생각한다. 아무래도 생계를 책임지다 보니 책임감도 많이 느끼게 된다. 나는 '내 삶의 균형 차원'으로 가족에게 다가갈 것을 조언한다. 가정이 안정되지 않으면, 일상의 리듬도 깨지고 집중력도 흔들려 결국 내 일에까지 영향을 미치기 때문이다. 그런 점에서 가족과의 시간은 나의 감정을 고양시키는 또 하나의 특별한 효과가 있다.

지금의 아내와 연애를 할 때부터 나는 거의 일 중독자처럼 살아왔다. 아내의 생일도 잊어버리고 일했고, 주말에 데이트를 하는 장소는 내가 고객과 상담을 했던 장소 바로 옆이었다. 그만큼 시간 내기가 힘들었기 때문이다. 결혼하고 아이가 태어난 뒤에도 그런 생활은 계속해서 이어졌다. 그러다가 매우 충격적인 경험을 한 후 내 삶의 패러다임을 바꾸지 않으면 안 되겠다고 생각하게 됐다.

아이가 태어나서 처음으로 한 말은 "엄마"가 아닌 "아빠"였다. 아내가 나에게 주고 싶은 선물 중 하나였다. 이를 위해 아내는 아이 앞에서 의도적으로 아빠라는 단어를 계속 말했었다. 아이가 그 단어를 말하기까지 6개월이 걸린 만큼, 내 마음도 뿌듯했다. 그런데 1년 뒤 예상치 못한 놀라운 반전이 있었다. 말이 늘어 아이가 문장을 이야기할 수 있게 되고 처음으로 말한 것이 "아빠가 없었으면 좋겠어."였다. 매일 늦게 들어오고 술을 마시고, 코를 골면서 자는 모습에서 차라리 아빠라는 존재가 없는 게 더 낫다고 여겼던 모양이다. 그때 '가정이 잘 유지되지 않으면 내 삶의 균형까지 흔들리는구나.'라고 생각하게 됐다. 이후 가족과 '제주도 한 달 살기'를 시작하면서 아이와 시간을 많이 보냈고, 한 달 살기가 끝난 후에도 지금까지 매달 1박 2일은 가족과 여행을 다닌다. 주말에는 아예 일을 완전히 접고 가족에게만 집중했다. 이렇게 많은 시간을 보낸 덕분인지, 사춘기가 된 딸과는 지금도 친구처럼 잘 지내고 있다.

대부분의 사람들이 가족을 위해서 열심히 일한다고 하지만, 시간은 나를 기다려주지 않는다. 지금 가족과 보내야 할 시간을 희생해서 일하는 것보다는, 일을 조금 줄이더라도 가족과 함께 시간을 보내는 것이 앞으로 만날 미래를 더 밝고 긍정적으로 만들어줄 수 있다. 나 역시 그렇게 가족들과 시간을 보낸 후에는 리프레쉬 되는 느낌도 들고 일주일 동안 일에도 더 잘 집중할 수 있었다.

가족을 '의무', '책임감'으로 바라보면, 오히려 힘든 사람은 나 자신이다. 가족이 방치되면 미안한 마음이 들고, 그렇게 점점 시간이 흐르면서 관계도 소원해지게 되고 결국에는 존재감 자체가 사라질 수 있기 때문이다. 진정한 삶의 균형을 위해서라도, 가족이나 좋아하는 사람들과 보내는 시간을 지금보다 조금 더 늘려보는 건 어떨까?

# 슬럼프 탈출, 너무 강박적인
# 열정에 의존하지 않기

"슬럼프는 그저 과정의 일부일 뿐이다. 중요한 것은 슬럼프를 넘어서려는 의지이다."
**톰 랜더리** 미식축구 감독

"본부장님은 슬럼프에 빠졌을 때 어떻게 문제를 해결하셨나요?"

가끔씩 듣는 질문이다. 나 역시 과거에 슬럼프에 빠졌을 때 선배들에게 똑같은 질문을 한 적이 있다. 때로는 3개월 정도까지 슬럼프에 빠진 적이 있었으니, 꽤 긴 기간이라고 할 수 있다. 그때는 마치 물에 젖은 솜처럼 몸과 마음이 무거웠다. 그 전에는 1년 동안 한 달에 평균 12건의 영업실적을 거뒀지만, 그때는 한 달에 한 건을 하기도 힘들었다. '대체 내가 왜 이러나?' 싶을 정도로 한심한 나날들이 있었다. 출근은 하는 둥 마는 둥, 혼자 소주 한 병을 사 들고 한강공원에서 시간을 보내기도 하고, 대낮에 찜질방을 전전하기도 했다. 그때 '도대체 슬럼프라는 것은 뭔가?'라는 고민을 하기도 했다. 결과적으로 나의 슬럼프 탈출 방법은 '일단 멈추기와 강박적 열정에 나를 가두지 않는 것, 그리고 일상에서 계속해서 슬럼프에서 멀어지는 계획을 짜는 것'이었다.

## 최선을 다하지 않았다면 슬럼프에 빠지지도 않는다

슬럼프를 대할 때 가장 먼저 살펴봐야 하는 것은 자신의 상태가 정말로 슬럼프에 빠진 것인가, 아니면 실력이 없는 것인가를 구분하는 일이다. 예를 들어 야구 선수가 일 년에 150개씩 꾸준하게 안타를 치면서 5년 정도를 이어왔는데, 갑자기 100개 이하로 떨어지면 이는 슬럼프에 빠졌다고 볼 수 있다. 그런데 이제 막 구단에 들어온 신입이 첫 2개월은 잘 치다가 이후 기록이 떨어지면 이는 실력이 없다고 봐야 한다. 즉, 어느 정도 기간에 어느 정도의 평균적인 실력이 뒷받침되었냐는 점을 우선 봐야 한다. 다소 짧은 기간 내에 들쭉날쭉하는 성과를 보인다면, 이는 실력 자체가 부족하다고 봐야 한다. 나 역시 설계사 2년 차에 슬럼프가 왔었는데, 지금 생각해 보면 실력 자체가 부족했기 때문이라고 생각한다. 하지만 1년 차의 성공적인 경험으로 인해서 근본적인 실력이 부족했다는 사실 자체를 깨닫지 못했었다.

다만 그 어떤 경우든, 슬럼프에 빠졌다는 사실 자체는 경계해야만 하는 일이다. 예를 들어 3개월 정도 슬럼프에 빠진다면, 그것을 극복하는 시간에만 대략 3개월이 걸린다. 총 6개월이 힘든 시간이 된다는 점이다.

하지만 슬럼프는 열심히 일하고, 자신의 꿈을 향해 달려가는 사람들만이 빠질 수 있는 점을 강조하고 싶다. 아무것도 하지 않으면 아무 일도 일어나지 않는다. 그간 최선을 다해 노력하지 않았다면 슬럼프에 빠지고 말고 할 일 자체가 생기지 않는 것은 너무도 당연하다. 세상의 모든 분야에서 '전설'이라고 불리는 사람들은 자신에게 닥친 슬럼프를 극복했기 때문에 그 자리에 오른 것이라고 보면 된다. 단지 그것이 자랑할 거리라고 볼 수는 없기에, 그저 조용히 이겨냈을 뿐이다. 따라서 자신에게 다가온 슬럼프는 열심히 살아온 자신에 대한 '훈장'이라고 여겨도 충분하다. 슬럼프를 대할 때 바로 이 지점에서 시작하면 극복이 훨씬 쉬워진다. '내가 뭔가 잘못해서 슬럼프에 빠진 게 아니고 열심히 해왔으니까 빠진 것이다.'라고 생각하면 마음은 보다 가벼워진다. 소설가 파울로 코엘료는 이런 말을 했다.

"항상 햇살만 내리쬔다면 그곳은 사막이 되고 말 것이다."

슬럼프는 내 인생과 마음을 사막으로 만들지 않기 위한 촉촉한 빗줄기라고 생각해도 충분하다.

## '영업의 고원(高原)'에서 지치지 않기

슬럼프에 빠졌다면 반드시 해주고 싶은 조언이 있다. 바로 '과도한 열정에 시달리지 않으면서도 지치지 않아야 한다.'라는 점이다. 슬럼프는

'영업의 고원高原'이라고 본다. 고원이라는 말은 '높은 곳의 평원'이라는 의미이다. 산을 오르다 보면 일정한 높이에서 평평한 곳이 펼쳐지는데, 바로 그곳을 칭한다. 이것은 세상의 많은 분야에서 비슷한 모습으로 드러난다. 스포츠 선수들에게는 아무리 연습해도 일정하게 실력이 늘지 않는 '연습의 고원'이라는 것이 있고, 공부를 하는 사람들에게는 '학습의 고원'이, 살을 빼려고 하는 사람들에게도 '다이어트의 고원'이 존재한다. 이것은 외부에서 주어지는 것이 아니라, 이미 그 자체에 그런 원리가 내재되어 있는 자연의 법칙이기도 하다. 그러니 영업인들에게 '영업의 고원'이 생기는 일은 매우 자연스럽기까지 하다.

문제는 이러한 고원에 도달했음에도 불구하고 너무 과도한 열정을 가지게 되면 이는 슬럼프의 함정을 스스로 더 깊게 파는 결과를 초래한다. '나는 앞서 나가고 싶은데, 왜 안 되지?'라는 생각이 들면서 서서히 열등감이 느껴지기 시작하고 수습하기 어려워진다.

실력이 없는 경우도 원리는 비슷하다. 2년 차의 나 역시 실력은 부족하지만 열정이 과도해 먹혀 버린 상태라고 할 수 있었다. 무엇보다 1년 차의 성과가 너무 좋았기 때문에 열정의 엔진이 가속되고 있었다. 실제 보험업계에 들어서고 첫 달에 전국에서 계약 건수로 1등을 하고, 신인 중에서는 모든 업적에서 1위, 그해에는 지점에서도 1등을 했을 정도였다. 그 누구라도 이런 상태라면 열정의 정도가 과도해지지 않았을까. 심지어 약간은 거만해지기도 했을 것이라고 본다.

열정은 꽤나 많이 강조되는 덕목이기는 하지만, 언제나 긍정적이지만은 않다. 미국 심리학자인 스콧 카우프만은 '조화로운 열정'과 '강박적인 열정'이 있다고 한다. 전자는 자신이 순수하게 즐거워서 어떤 일에 몰입할 때 생기는 열정이며, 후자는 '잘해야 한다, 인정받아야 한다.'라는 마음에서 생기는 열정이다. 영업의 고원이든, 실력이 부족하든 슬럼프가 강박적인 열정의 원인이 되는 경우가 많다.

일단 상태가 심각하다는 생각이 들면, 가장 먼저 '일단 하루 동안 멈추기'를 하라고 많이 권유하는 편이다. 잠을 자고 싶으면 하루에 실컷 잠을 자고, 술을 마시고 싶다면 하루에 실컷 마시고, 어디론가 떠나고 싶으면 부산이든 제주도든 마음껏 당일치기 여행을 하라는 말이다. 이렇게 하면 막혔던 마음에 일단 숨구멍이 나게 되면서, 조금 답답한 마음이 가시고 몸과 마음이 자유로워진다는 느낌이 들면서 슬럼프의 태풍 한 편에서 벗어날 수 있게 된다. 다만 이때 주의할 점은 '단 하루'라는 것이 중요하다. 그것이 이틀이 되고 삼 일이 되면 다시 예전의 하루 일과로 돌아가기가 점점 힘들어지기 때문이다.

이렇게 하루 동안 마음껏 하고 싶은 일을 하라는 이유는 그것이 바로 강박적인 열정에 브레이크를 걸면서 자신을 있는 그대로 받아들이기 좋은 상태로 만들 수 있기 때문이다. '아, 나는 지금 영업의 고원에 처해 있구나(혹은 실력은 부족한데 열정만 앞섰구나), 이 상태를 있는 그대로 받아들이고 차분하게 이 시기를 지나자.'라고 생각하면 큰 도움이 될 수 있을 것이다.

## 나의 취약함을 극복할 좋은 기회

사실 슬럼프를 극복하는 가장 좋은 방법은 슬럼프가 오지 않도록 만드는 것이며, 설사 왔다고 하더라도 '함께' 살아가는 방법을 선택하는 것이다. 우리가 몸에 좋은 운동을 하더라도 활성산소가 계속해서 쌓이듯이, 인생을 풍요롭게 만드는 일을 열심히 하더라도 그로 인한 스트레스와 압박감은 계속해서 독소로 쌓이게 마련이다. 따라서 이것을 그때그때 풀어 주도록 만들어 놓으면 나중에 그것이 쌓여서 한꺼번에 닥치는 슬럼프를 막을 수 있다. 즉, 하루의 일상에서 계속해서 여유와 쉬는 시간을 배치해야만 한다.

예를 들어 서울에 있는 고객과 지방에 있는 고객과의 미팅을 균형 있게 섞으면 일상 중에서도 출장을 가면서 마치 여행에 나선 듯한 기분을 느낄 수가 있다. 하루에 잠시만이라도, 주말에는 하루 정도만 시간을 빼서 '온전히 나를 위한 시간'을 보내면 이 역시 도움이 된다. 어차피 슬럼프가 와서 하루를 빼는 것이나, 가끔이라도 미리 하루를 빼는 것이나 매한가지이다. 다만 후자의 방법이라면 슬럼프의 징후조차 느끼지 않으니 훨씬 더 가벼운 느낌일 수밖에 없다.

슬럼프를 포함한 모든 종류의 위기는 언제나 도약의 기회라고 할 수 있다. 내가 위기에 처했다는 것은 그간 나 자신도 몰랐던 취약함이 드러나는 것이라고 볼 수 있다. 행복할 때는 행복의 진정한 의미를 모르듯, 승승장구하고 있을 때는 나의 취약함이 무엇인지 알기가 힘들다. 하지만 시간이 흐르면서 취약함이 현실로 드러나게 된다. 이때가 바로 수정과 변화의 기회이기도 하다. 따라서 잘만 변화시키면 오히려 더 단단한 나를 만들어 나갈 수 있다. 슬럼프를 '내가 충분히 열심히 살아왔다는 증거'라고 여길 수 있을 때, 더 나은 내일을 만들어 나갈 수 있으리라 확신한다.

### 오성급(5star) 체크포인트

★ 누구에게나, 어느 영역에서나 '고원'의 순간들이 있다. 이를 견뎌 나가는 일이 중요하다.
★ 열정은 언제라도 좋은 것이지만, '강박적인 열정'에 잡아먹히지 않도록 주의해야 한다.
★ 여유 있는 시간을 계획적으로 배치하면 슬럼프의 태풍에서 비켜 나갈 수 있다.
★ '딱 하루의 멈춤'을 시도하면, 숨통이 트이고 가벼운 마음이 될 수 있다.
★ 위기는 나의 취약함을 수정하고 변화시킬 좋은 기회라고 할 수 있다.

영업이 결코 만만한 일은 아니겠지만, 그렇다고 죽을 힘을 다해서 노력해야 할 정도는 아니다. 노하우를 쌓으면 누구나 다 할 수 있는 일이며, 그것이 축적되면 어느 정도 수월해질 수 있다. 다만, 이러한 축적의 시간을 좀 더 빠르게 하기 위해서는 영업 자체를 좀 새롭게 볼 필요가 있다. 영업이란 누군가를 억지로 설득하는 일이 아니라, 부드럽고 자연스럽게 누군가의 마음을 열고, 그 안에서 만남의 지평을 늘려가는 일이다. 따라서 가장 먼저 자신의 직업이 도대체 무엇인지를 재정의해 봐야 할 필요가 있고, 그간 알고 있던 영업인의 위상도 다시 한번 살펴볼 필요가 있다.

# 업(業)에 대한
# 정의가 달라지면,
# 전략도 달라진다

자기 인식이라는 도미노가 바뀌면
성과도 높아진다

# 영업이라는 직업의 의미, 당신에게는 무엇인가?

"영업의 핵심은 고객을 이해하는 것이다.
그들의 관점에서 세상을 보고, 그들의 필요를 충족시켜라."
**토머스 J. 왓슨** 경영자

일을 하면서 우리가 되고자 하는 모습은 아마도 거의 비슷할 것이다. 어떤 역경에도 굴하지 않고 끝까지 밀어붙이는 추진력, 지치지 않고 10년, 20년 일하는 끈기, 원하는 결과를 내고 거기에서 얻는 보람….

하지만 이런 모습을 달성해 내는 사람과 그렇지 않은 사람 사이에는 큰 차이가 있다. 그것은 바로 '과연 나는 왜 이 일을 하는가?'라는 질문에 자신만의 답변이 있느냐 없느냐다. 그저 생계를 위해 일하는 사람에게 '일'이란 고통을 감내해야만 하는 수고스러운 과정에 불과하지만, 자신만의 의미를 부여하는 사람에게 '일'이란 행복한 여정이다. 특히 그것을 늘 즐기면서 할 수 있기 때문에 탁월한 성과를 만들어 낼 수 있다.

## 경찰관과 소방관의 차이

대부분의 사람들은 직업을 선택할 때 돈을 중심에 놓고 생각한다. 보험상품이나 자동차 영업 등 영업직종이라면 진입 장벽이 그다지 높지 않고 자신이 열심히 한 만큼 돈을 벌 수 있다는 점이 큰 동기가 된다. 나 역시 마찬가지였다. 박사 과정을 하던 아내를 지원해주고, 젊은 나이에 내 집을 장만하기 위해서는 공무원 월급만으로는 부족할 것 같았다. 그러나 아무리 생계 때문에 하는 일이라고 하더라도 그것을 전부라고 여기면 사람은 '돈 버는 기계'가 되어버린다. 따라서 그보다는 훨씬 깊은 의미를 찾을 수 있어야 한다.

사실 나는 오래전부터 어렴풋하게나마 일의 의미를 나름대로 추구해왔다. 소방관을 선택한 것 역시 일관된 나만의 기준이 있었기 때문이다. 그 당시의 고민은 이런 것이었다. '일하면서 돈을 벌고, 거기다가 다른 사람들에게 고맙다는 말을 들으면 얼마나 좋을까?'

말 그대로 일석이조가 아닌가. 나는 돈을 벌어서 좋고, 또 나의 일이 누군가의 즐거움과 행복이 된다면, 이보다 더 좋은 직업은 없을 것만 같았다. 그래서 생각해 보았더니 경찰관과 소방관이 있었다. 모두 다 사회적으로 선한 영향력을 미치는 일이기 때문이다. 그런데 경찰은 경우에 따라서는 고맙다는 말을 못 들을 수도 있다. 교통 법규를 위반해 범칙금을 부과할 때 그 상황에서 경찰관에게 고맙다고 말하는 운전자는 없다. 비록 그 일이 교통질서를 바로 세우는 일이긴 하지만, 운전자에게는 매우 기분 나쁜 일이다. 범죄자가 죗값을 치르는 것도 너무도 당연하지만, 그들 역시 "저를 구속시켜주셔서 감사합니다."라고 말하지는 않는다. 하지만 소방관은 늘, 언제나 고맙다는 말을 들을 수 있는 직업이었다. 다만 한 가지 아쉬운 점은 늘 생명의 위험에 처한 사람 혹은 재난을 당한 사람과 함께해야 한다는 점이었다. 그래도 그들에게 도움을 줄 수 있으니, 나는 흔쾌하게 소방관을 선택했다.

영업 쪽으로 직업을 바꾸기로 결심한 후에도 나는 비슷한 기준으로 의미를 찾을 수 있는 일을 선택하고자 했다. 대표적으로 제약 영업, 자동차 영업, 보험 영업 중에서 고민을 했다. 모두 동일한 영업이고, 자신이 열심히 한 만큼 돈을 벌 수 있다고 하지만, 고맙다는 말을 듣는 차원에서는 완전히 다르다. 개인적인 생각이지만, 다른 영업의 경우에는 단순한 인사말로 고맙다는 말을 들을 수는 있어도 누군가를 진정으로 도와주는 일은 아니라고 봤다.

## 사람을 연결해 더 큰 시너지를 창출하는 직업

하지만 보험업은 다르다고 봤다. 보험금을 받는 사람은 자신의 질병이나 가족의 갑작스러운 사망 등 정말 큰 위험을 만난 사람들이고, 은퇴 후에 매월 생계를 책임져주는 소중한 돈이 지불되기 때문에 설계사에 대한 태도가 다를 것이기 때문이다. 실제로 오랜 시간 현장에 있다 보니 보험금을 받는 분들은 어김없이 나에게 진심 어린 목소리로 "고맙다, 몇 년 전에 했던 계약이 정말로 큰 힘이 된다."라고 말씀해주신다. 수화기 너머로 진심이 느껴지고, 그럴 때마다 나는 내 직업이 많은 사람들에게 도움이 된다는 것을 새삼 느끼곤 한다. 무엇보다 누군가 곤란에 처하고 슬픔을 느낄 때 큰 힘이 될 수 있다는 점에서 큰 자부심을 느낀다.

그런데 영업인이라는 직업에서 또 하나의 의미를 찾을 수 있다. 그것은 바로 사람과 사람을 연결해서 더 큰 시너지를 만들어낼 수 있는 직업이라는 점이다. 물론 영업인이 아니어도, 지인을 또 다른 사람에게 소개하고 연결해주는 일은 매우 흔하다. 하지만 그 모든 직업 중에서 가장 많은 종류의 직업인을 알고 있는 사람은 단연 영업인일 수밖에 없다. 아마도 머릿속에 떠오르는 거의 모든 직업을 아우를 수 있다. 그만큼 사람과 사람을 연결할 수 있는 폭이 무척 넓어지고, 그 정확도도 매우 높다고 볼 수 있다. 심지어는 나의 소개로 이제까지 결혼한 분들만 3쌍이 있을 정도이다.

또 고객이 병원을 오픈하거나, 사업을 시작하는 일이 종종 있다. 좋은 아이템이거나 실력이 출중하다면, 다른 고객들에게 매우 적극적으로 소개하기도 한다. 그런데 이게 점점 늘어서 실제로 해당 업체 매출의 20~30%까지 차지하는 경우도 생긴다. 금액으로 따져서 한 달 매출 중 1천만 원을 내가 소개해 준 고객이 이뤄내는 때도 있다. 이럴 때면 설계사는 '사람 플랫폼'이라는 생각이 들 정도이다. 내가 만난 고객들이 서로 만나 세상에 없던 새로운 것을 창출해 낸다면, 비록 그것이 나의 이득은 아닐지언정 정말 위대한 일에 참여하고 있다는 생각이 든다.

더 중요한 점은, 시간이 흐를수록 이 두 가지의 일이 점점 더 강화된다는 점이다. 고객이 많아질수록 힘든 상황에서 도움을 받는 고객은 더 많아질 것이며, 내가 아는 고객들이 서로 창출해내는 시너지는 더 커지기 때문이다. 이제까지도 행복하게 해왔지만, 앞으로도 결코 이 일을 포기하지 않을 충분한 이유가 되며, 설사 개인적인 어려움이 있다고 하더라도, 이러한 훌륭한 일에 참여하고 있다는 동기부여가 충분히 역경을 이겨나갈 힘을 준다고 믿는다.

물론 직업에 대한 의미 부여는 각자 다를 수밖에 없다. 하지만 그 무엇이든, '돈과 생계'를 넘어 더 큰 의미를 찾아낼 수 있다면, 영업인으로서 걸어가는 길에 큰 도움이 될 것이다.

## 오성급(5star) 체크포인트

★ 일을 생계의 수단으로만 보면 그 과정이 힘들 뿐이다. 자신만의 의미를 부여한다면 훨씬 행복한 여정이 될 수 있다.

★ 나의 경우 누군가에게 진심으로 '고맙다'는 말을 들을 수 있는 직업이 바로 영업인이다.

★ 늘 사람들에게 이런 이야기를 들을 수 있는 직업도 그리 많지 않다고 본다.

★ 또 영업인의 일은 사람과 사람을 연결해 더 큰 시너지를 만들어내는 일이기도 하다.

★ 자신의 직업에 당신은 어떤 의미를 부여하는가?

## 선의로 시작한 일은 선의에서 끝내야 한다

자신의 고객과 고객이 만나 새로운 시너지를 창출할 때에는 한 가지 주의해야 할 문제가 있다. 영업인이 원하든 원하지 않든 '보상의 문제'가 생길 수 있기 때문이다. 고객이 "많이 도와주었으니 돈으로 보상하겠다."고 할 수도 있고, 반대로 영업인이 "상품을 계약해 달라."고 요구할 수도 있다. 그런데 직접적인 보상을 받으려는 일은 명백하게 '하수의 태도'이다. 선의로 시작했던 일에 돈이 개입되면 피곤한 일이 많이 생기게 된다. 과연 내가 적절하게 받고 있는지에 대한 판단에서부터 시작해서 여러 스트레스를 받는 일이 생기기 때문이다.

나는 이런 부분에 대해서는 철저하게 '거래를 대가로 한 보상은 절대로 받지 말고, 계약도 하지 말라.'고 조언하고 싶다. 그 이유는 일단 금전적인 이익이 오가게 되면 그때부터는 서로가 서로에게 비즈니스적인 마인드가 생겨서 더 큰 관계로 확장되지 못하게 된다는 부작용이 있다. 결국 자신은 상대방에게 그냥 단순한 '영업 사원'에 머물게 되고, 더 큰 관계의 확장은 중단될 수 있다.

# 인문학적 능력을
# 키워야 하는 이유

"인문학은 인간이 무엇인지, 그리고 우리가 어떻게 살아야 하는지에 대한
질문을 던지게 한다."
**마사 누스바움** 철학 교수

영업인을 '인문학적 직업'이라고 한다면, 쉽게 이해되지 않을 것이다.
개인이 인문학 책을 많이 읽을 수는 있어도 직업 자체가 인문학적이라고
보기는 힘들다고 생각하기 때문이다. 하지만 내가 경험한 영업인은 세상
과 인간을 이해하는 능력이 클수록, 더 뛰어난 능력을 발휘하고 빠르게
실적을 쌓아나간다. 일견 영업인을 '보험이나 금융상품의 상담-계약-관
리'를 하는 사람이라고 생각하겠지만, 좀 더 본질적인 면에서는 사람의 마
음을 이해하고, 조언하는 역할을 하게 되고, 여기서 한 걸음 더 나아가면
'라이프 코치'로서의 역할도 하게 된다. 그리고 이러한 관계가 잘 형성된
다면, 영업인은 고객과 함께 성장해 나가게 된다. 그리고 이러한 고객이
많으면 많을수록, 일의 전반적인 부분이 더욱 풍요로워질 수 있다.

## 친한 사람이라 더 말할 수 없는 이야기

예로부터 지혜롭고 현명한 사람은 인문학적 지식이 풍부했다. 역사, 철학, 심리, 문학에 풍부한 지식을 가지면서 세상이 돌아가는 원리는 간파했기 때문이다. 이런 사람들은 다른 사람들의 인생에 대해 조언하는 중요한 역할을 한다. 흥미로운 사실은 영업인들 역시 이러한 조언의 역할을 해야 할 때가 있고, 이때 인문학적 지식이 풍부한 영업인은 올바른 조언을 해주면서 고객과 더 가까워지고, 오랜 시간 그들과 함께 성장하는 탁월한 영업의 단계에 오르게 된다.

보험설계사는 금융상품을 파는 사람일 뿐, 굳이 왜 고객의 인생에 조언을 하는 라이프 코치의 역할을 하냐고 생각할 수도 있다. 또 훨씬 더 많은 지식을 가지고 전문적인 분야에서 일하는 고객이 많기 때문에 굳이 조언을 구하지는 않을 것이라고 여길 수도 있다. 거기다가 자신의 문제를 상담하고자 한다면 주변의 친구나 멘토도 얼마든지 있기에 굳이 영업인이 그 일을 할 필요가 없다고 볼 수도 있다. 하지만 현실적으로 일부 고객은 자신의 고민을 털어놓고 조언을 구할 상대를 그리 쉽게 구하지 못할 수 있고, 설사 주변에 그런 사람이 있어도 일부러 다른 사람에게 조언을 구하기도 한다.

그 중요한 이유 중 하나는 '친한 사람에게도 말할 수 없는 고민'이 있기 때문이다. 친구와 가족은 분명 조언을 구할 수 있는 가까운 사람임에는 틀림없지만, 그들에게 사적인 고민을 털어놓았을 때에 문제가 생길 수도 있다. 너무 과도하게 걱정할 수도 있고, 또 자신에 대한 이미지가 나빠질 수도 있다. 그래서 이런 문제는 차라리 자신의 원래 인연이 아닌 사람에게 털어놓게 된다. 제3자적 입장을 유지할 수 있기 때문에 차라리 더 신뢰가 갈 수도 있기 때문이다.

또 비밀 유지에 관한 것도 문제가 된다. 예를 들어 친구 중에 변호사가 있다고 하더라도, 정작 자신의 이혼 문제를 상담할 때는 친구인 변호사에게 상담하거나 소송을 의뢰하지는 않는다. 혹여 변호사인 친구가 주변의 또 다른 친구들에게 소문을 낼 수도 있기 때문이다. 이럴 때에도 차라리 자신과는 아무런 연관이 없는 변호사를 구하는 경우도 있다.

문제는 이런 조언자나 상담자를 구한다고 해서 길에 지나가는 사람을 붙잡고 도와달라고 말하기는 불가능하다는 점이다. 따라서 자신과 최소한의 관련성은 있지만, 그 이외의 관계에서 엮여 있지 않은 사람, 내가 잘되기를 바라면서도 객관적인 자세를 유지할 수 있는 사람이 필요하다. 이러한 면에서 최적화된 사람이 바로 영업인들이다.

## 고객과 함께 성장하는 직업

영업인은 고객을 위해 언제든 시간을 낼 수 있고, 거기다가 과거에 계약했던 상품이 연결되어 있기 때문에 고객을 함부로 대하지 않을 것이라는 믿음이 있다. 당연히 비밀이 새어나갈 염려도 없다. 설계사가 원하지 않아도 고객의 인생에 일정하게 개입하게 되는 이유는 바로 여기에 있다.

나 역시 이런 분들이 적잖게 있다. 고객 중에 회사를 경영하시는 분들이 많다 보니, 자연스럽게 그들의 고민 상담자가 되기도 한다. 어떤 회사 대표는 가족의 고민을 말하면서 나의 생각을 물어보기도 하고, 사업에 관해 상담하기도 한다. 또 요즘 세상 돌아가는 일에 대해서 묻기도 한다. 영업인이라면 워낙 많은 사람들을 만난다고 생각하기 때문이다. 이런 분들과의 대화를 위해서 절실한 것이 바로 인문학적 지식이다. 마음의 원리, 세상의 원리를 잘 모른다면 이들과 대화하기는 쉽지 않다. 만약 그들이 궁금해하는 점에 속 시원하게 대답해줄 수 있다면? 아마도 그들은 그 영업인을 색다른 눈으로 바라볼 수 있을 것이다. 좀 더 자주 만나고 싶고, 만나면 뭐라도 얻을 수 있기에 좀 더 가까워지고 싶을 것이다. 영업인과 고객의 관계가 이보다 좋을 수 있을까?

10여 년 전 25살의 씨름선수와 계약한 적이 있었다. 아버지의 친구 아

74                                                                                   리더의 도미노

들이었기에 자연스럽게 만남이 이루어졌다. 그런데 이 친구에게는 한 가지 고민이 있었다. 미래에도 계속 씨름을 할 수 있을지가 의문이었기 때문에 군대를 언제 가야 할지에 대한 것이었다. 그간 번민이 꽤 많았는지, 나에게 "그냥 군대를 빨리 다녀온 뒤 씨름이 아닌 다른 일을 안정적으로 해 보고 싶다."고 토로하기도 했다.

고객의 미래 진로를 내가 이래라저래라 할 수는 없겠지만, 그래도 인생을 좀 더 살아본 선배로서 조언을 해주었다. 군대를 다녀오면 27살이 되어 그때부터 무엇인가를 새롭게 시작한다는 일이 쉽지 않으니, 지금의 합숙 생활을 계속하면 받는 돈 대부분을 저축할 수 있지 않겠나, 그래서 군대를 최대한 미루고 돈을 모아서 그것으로 나중에 새로운 일을 시작해 보는 것이 어떻겠냐고 조언했다. 그 친구도 이 말을 듣고 마음이 좀 가라앉은 듯, 이후 군대를 미루고 운동을 계속했다. 그런데 예상치 못하게 경기 중 부상을 입고 4급 판정을 받아 씨름단이 있는 군청에서 근무하고, 씨름도 계속하는 행운을 얻게 됐다.

이때 나는 또다시 "나중에 코치를 할 수도 있으니 계속해서 씨름을 하는 게 낫겠다."는 말도 해주고, 좀 더 세상을 보는 눈을 넓히라는 차원에서 책을 선물해주고, 시간 날 때마다 밥도 함께 먹으며 많은 대화를 했다. 그 후 그는 더욱 씨름을 열심히 해서 장사 타이틀도 두 번이나 거머쥐게 됐고, 10년이나 지난 지금도 그는 여전히 씨름을 하고 있다. 거기다가 결혼도 하고 매우 안정적인 삶을 꾸려나가고 있다. 그 친구는 여전히 젊은 시절 자신에게 해주었던 조언을 고마워하고 있다.

어떻게 보면 그 친구와 나는 지난 10년의 인생을 함께 보낸 것이나 마찬가지이다. 물론 그 과정에서 또 다른 상품을 계약한 것은 물론이고, 적지 않은 고객을 소개해주었다. 이러한 고객들이 많은 영업인이라면, 함께 성장하는 기쁨을 느낄 수 있는 것은 물론이고, 늘 새로운 고객을 소개받으며 끈끈한 관계를 만들어 나갈 수 있게 된다. 그런 점에서 설계사는 늘 세상에 대해 고민하고, 인간에 대해 통찰하는 인문학적 능력을 키워야 하고, 또한 그 지식을 바탕으로 더 나은 상담 능력을 갖추기 위해 노력해야 한다. '뛰어난 설계사'가 된다는 것은 곧 '더 수준 높은 사람'이 된다는 의미이기도 하다.

### 오성급(5star) 체크포인트

★ 영업인은 원하지 않아도 '라이프 코치'의 역할을 하게 된다.
★ 따라서 상담 능력을 기르고, 진심 어린 조언을 할 수 있는 능력을 쌓는 것이 좋다.
★ 이런 능력을 기르기 위해서는 반드시 인문학에 대한 공부를 해야 한다.
★ 세상의 원리를 이해하고, 인간의 마음을 통찰할 때 탁월한 상담 능력이 발휘되기 때문이다.
★ '더 수준 높은 사람'이 되었을 때, 더 높은 실적도 가능하다.

리더의 도미노

## 자신만의 전문 분야를 개척해야 하는 이유

설계사는 또 한편으로 자신만의 전문 분야를 구축할 필요도 있다. 셰프를 하려고 해도 자신만의 전문 분야가 있어야 한다. 중식이 잘 맞는 사람도 있고 일식이 잘 맞는 사람이 있다. 영업의 경우에도 분야가 꽤 많다. 공무원도 있고, 자영업자도 있으며, 사업이나 전문직 종사자들도 있다. 이렇게 자신만의 전문 분야를 정해야 하는 이유는 특정 직업 분야의 처지와 입장을 그만큼 잘 이해하게 되고, 그에 따라서 권해줄 수 있는 상품도 맞춤형으로 제공할 수 있기 때문이다.

일반인들은 모르는 그들만의 고충을 알 수 있고 그것이 상품에 고스란히 반영될 수 있다. 당연히 계약률이 훌쩍 높아질 수밖에 없다. 처음 3년 정도는 이런 것 없이 다양한 분야의 사람을 만나야만 하겠지만, 일정한 시간이 지나고 자신이 관심 있는 분야가 있다면 전문 분야를 선택할 필요가 있다. 즉, '나만의 무기로 나만의 영역에서 승부를 보는' 전략인 셈이다.

전문 분야를 가지는 것은 또한 자신의 직업에 자부심을 가지는 중요한 계기가 된다. 사람들과의 만남에서 아무래도 '보험 설계사'라는 직업에 대해 다소 위축되는 때도 있게 마련이다. 이럴 때 나는 늘 "자신의 직업에 당당해야 다른 사람들도 인정해준다."고 조언한다. 하지만 여기에서 한 걸음 더 나아가 자신만의 전문 분야를 구축해서 '나의 전문 분야는 이거야!', '이 부분에서만큼은 내가 탁월해.'라는 자신감을 가지게 된다면, 위축되지 않고 좀 더 당당해질 수 있게 된다. 한마디로 자신만의 아이덴티티를 확실하게 만드는 것을 목표로 하라는 이야기다.

# '영업이 맞는 체질'이란 없다

"성공적인 영업은 고객이 필요로 하는 것을 이해하고,
그에 맞는 해결책을 제공하는 데 있다."
**브라이언 트레이시** 비즈니스 컨설턴트

영업이 쉽지 않은 일이라는 사실은 영업을 해 보지 않은 사람도 충분히 예상하는 바이다. '영업이 맞는 체질'이라는 말이 나오는 이유도 바로 여기에 있다. 그 어려운 일을 해내야 하니까, 애초에 성향이나 성격이 잘 맞으면 훨씬 수월하게 해낼 수 있지 않겠냐는 이야기다. 물론 이럴 때 누구나 흔히 예상하는 성향이 있다. 사람 만나기 좋아하는 외향적인 성격의 사람이라거나, 혹은 당당하고 자신감이 많은 사람, 또는 논리적으로 설득을 잘하는 사람이 영업에 잘 맞을 것이라고 여긴다. 물론 이러한 능력들도 충분히 의미가 있지만, 현장에서 오랜 시간 영업인들과 함께하다 보니 꼭 그렇지만은 않다는 사실을 알게 됐다. 오히려 그런 모습과는 거리가 먼 사람들도 얼마든지 영업이 잘 맞고, 또 훌륭하게 일을 수행해내는 모습을 많이 봐왔기 때문이다.

리더의 도미노

## 결핍감과 간절함이 바로 성공의 동력

나는 영업의 성공 비결이 타고난 성격에 있다고는 보지 않는다. 그보다는 그 사람이 처한 환경, 그리고 그것이 만들어내는 간절함 때문이라고 본다. 진정한 프로 영업맨의 실력은 타고나는 것이 아니라 고객을 만나는 두려움을 극복하는 과정, 그리고 개인적인 역경을 뚫고 나오는 과정에서 생긴다고 할 수 있다. 그런 점에서 스스로 결핍감을 느끼는 사람이라면, 오히려 영업에서 탁월한 실력을 키울 가능성이 크다.

한 개인이 성장기에 느낄 수 있는 가장 큰 결핍감은 학력과 가난을 꼽을 수 있을 것이다. 내 경험상 이 두 가지 부분에서 스스로 부족함을 느끼면 오히려 이를 성장의 원동력으로 삼을 수 있다.

실제 이제껏 좋은 학력을 가진 사람 중에 영업에서 크게 성공한 사람은 거의 보지 못했다. 물론 학력이 좋으면 대기업에 갈 가능성이 크고, 영업 쪽으로 많이 오지 않았기 때문일 수도 있다. 그럼에도 불구하고 학력은 탁월한 성과와 직접적으로 연결되지는 않는다. 오히려 지방대를 나오거나 혹은 대학을 다니지 못했던 사람들, 그리고 중소기업에 다니다가 영업을 시작한 사람들 중에 훨씬 더 잘하는 케이스가 많았다. 일종의 '사회적인 불리함과 억울함'으로 인해 자신을 변화시키려는 의지가 더 강하기 때문은 아닌가 생각된다.

이러한 원리는 꼭 영업의 세계만이 아닌, 무엇인가에 도전하고 성과를 만들어내는 분야에서는 공통적이라고 할 수 있다. 일본에서 '경영의 신'으로 불리는 마쓰시다 고노스케는 자신이 하늘로부터 입은 큰 은혜 3가지가 있다고 말했다. 가난한 것, 허약한 것, 그리고 배우지 못한 것이다. 가난했기에 이를 극복하려 부지런히 노력했고, 허약했기에 건강의 중요성을 깨달을 수 있었고, 못 배웠기에 늘 누군가에게 배우려 노력했던 것이다. 결국 사회적으로 겪는 결핍감은 오히려 큰 성공의 원동력이 된다. 나역시 경제적인 사정으로 영업의 세계로 뛰어들었다. 가난까지 경험하지는 않았지만, 미래에 겪을 수 있는 곤궁함을 생각하니, 영업에 간절했고 그 결과 일정한 성과를 이뤄낼 수 있었다.

## 고객은 설계사의 성격을 보고 계약하지 않는다

물론 성격에 따라서 영업에 좀 유리한 사람과 그렇지 않은 사람이 있다는 생각도 이해한다. 얼핏 보면 외향적인 사람이 논리적으로 말도 잘하고, 사람을 기피하지 않기 때문에 더 많은 만남의 기회를 가지게 되고, 그 결과 영업을 잘 할 것이라 예측할 수 있다. 물론 이런 생각도 크게 무리는 없다. 영업은 새로운 사람을 만나 계약을 하고 또 관리를 위해서는 관계가 끊어

리더의 도미노

지지 않게 계속 인연을 이어 나가야 하기 때문이다. 거기다가 술도 잘 먹고 사람들과 잘 어울리면, 그 부분도 플러스가 된다고 여길 수 있다.

그런데 현장에서 보면 그 반대인 내향적인 사람들도 실적이 좋고, 장기간 오래 일하는 경우를 흔히 볼 수 있다. 이러한 부류의 대표적인 여성 설계사 한 분이 있었다. 그녀는 매우 조용하고 말도 많지 않은 내향적인 사람이었다. 고객과 대화하는 일도 별로 좋아하지 않았고 술도 마시지 못했다. 자신도 그런 성향이 꽤 고민이 되었던지, 나에게 고민을 토로하기도 했었다. 그때 속 시원한 해답을 주기는 힘들었지만, 속으로 '성격이 그렇게 맞지 않으면 이 일을 오래 하지 못하는 건 아닐까?'라는 의구심이 들긴 했다. 그런데 그녀는 20년 가까이 여전히 설계사로 활동하고 있고, 심지어 실적도 지점에서 상위 10%에 들 정도이다. 그렇다고 그녀가 그 사이에 성격이 확 바뀐 것도 아니었다. 지금도 여전히 영업은 자신에게 맞지 않는다고 말한다. 나 역시 그 설계사를 보면서 참 신기하다고 생각했다. 하지만 이는 보험 영업이라는 일의 본질을 생각해본다면 그다지 신기한 일이 아니다.

고객은 설계사가 말을 잘한다고, 혹은 그 사람이 활발하고 적극적이라고 해서 계약하지는 않는다. 고객의 입장에서는 계약이란, 단 3만 원이라고 하더라도 매일 자신의 통장에서 소중한 돈이 빠져 나가는 일이다. 그것도 10년, 20년을 납입해야 하는 큰 부담감이기도 하다. 이러한 중요한 문제를 결정하는 데 있어서 과연 고객은 설계사의 성격이나 성향을 고려할까?

오히려 그보다는 자신이 믿을 수 있고 편안한 사람, 자신의 입장을 잘 아는 사람과 계약하게 된다. 결국 얼마나 신뢰감을 줄 수 있느냐의 문제인 셈이다. 그래서 차라리 말이 많지 않고 차분하고 조용하고, 신중하게 행동하는 내향적인 사람이 오히려 더 영업에 맞을 수 있다.

## 신뢰감을 주느냐가 핵심

보험을 비롯한 모든 영업은 결국 신뢰감이 전제되어야 한다. 보험 계약이란, 언제 생길지도 모르는 미래의 위험에 대해 보험 회사가 금전적인 보상을 약속하는 일이다. 금융상품이라고 하더라도 이 역시 10년, 20년 뒤의 일을 약속하는 일일 뿐이다. 그럼에도 수많은 계약이 발생하는 이유는 바로 보험회사는 물론, 지금 내 앞에서 나와 계약하는 설계사에 대한 '신뢰' 때문이다. 그런 점에서 내향적인 사람은 오히려 신뢰감을 주기에 안성맞춤이다.

또 외향적인 사람과 내향적인 사람 사이에는 한 가지 차이가 존재한다. 바로 자신이 말하기를 좋아하냐, 상대방의 말을 듣기를 좋아하냐의 차이이다. 대체로 외향적인 사람은 자신이 말하는 것을 더 좋아하는 반면, 내향적인 사람은 듣는 것을 더 잘하는 편이다. 고객의 마음을 더 편하게 해주는 사람은 당연히 자신의 말을 잘 들어주는 사람일 수밖에 없다. 따라서 고객은 자신의 말을 잘 듣고 이해하는 내향적인 사람에게 마음이 열리게 마련이다.

물론 이제까지 말한 환경과 성향의 차이가 결정적인 성공의 요인이라고 보기는 힘들다. 처한 환경이 힘들고 결핍감이 있어도 자신을 바꾸지 못하는 사람도 숱하게 많고, 외향적인 사람도 얼마든지 신뢰감을 주고 고객의 말을 경청할 수 있기 때문이다. 따라서 자신의 영업에 문제가 있다고 하더라도 체질이나 성격을 탓할 필요는 없다. 또 그런 이유로 영업의 세계에 입문하기를 주저할 필요도 없다. 중요한 것은 얼마나 자신의 인생을 흥미진진하게 바꾸고 싶은가, 그리고 그것에 대해 얼마나 간절하냐의 문제일 뿐이다.

### 오성급(5star) 체크포인트

★ 영업에 도움 되는 여러 요인이 있지만, 그것이 성향과 체질에 의해 결정되지는 않는다.
★ 그보다는 결핍감과 역경을 이겨내는 과정에서 생기는 덕목이 성과를 좌우한다.
★ 고객은 회사와 영업인에 대한 '신뢰'를 기반으로 계약을 하게 마련이다.
★ 누군가의 말을 경청하는 것은 사람의 마음을 여는 매우 중요한 조건이다.
★ 결국 결정적인 것은 '신뢰감'이다. 이것을 제대로 전달할 수 있다면 성격은 별로 중요하지 않다.

## 모범생 스타일보다는 재미에 미친 사람

성격과 성향이 성공의 가능성을 보장하지는 않지만, 경험적으로 봤을 때 자신이 좋아하는 것에 미쳐본 경험이 있는 사람들이 성공할 가능성이 다소 높다고 할 수 있다. 모든 것을 두루 잘하는 모범생보다는 하나에 꽂히면 모든 것을 던지는 스타일이 좀 더 나을 수 있다는 이야기다.

물론 모범생 스타일의 사람은 영업에 대해 알려주면 그것을 매우 잘 받아들이고 성실하게 실천하고 어느 정도의 성과는 올린다. 하지만 그 이상 파격적으로 치고 올라가지 못하는 단점이 있을 수 있다. 그냥 스탠다드하게 잘할 뿐, 탁월하게 잘하는 모습을 많이 보지는 못했다. 그런데 어느 하나에 미쳐서 좋아하고 그것에서 재미를 느껴본 사람은 영업을 해도 그런 상태를 지향하는 모습이 자주 보인다. 왜냐하면 한번 무엇인가에 무한정 몰입해보고, 거기에서 큰 성과와 즐거움을 느꼈기 때문에 일에 있어서도 그런 상태를 만들어내고 싶어 하는 무의식적인 욕구가 있기 때문으로 보인다.

특히 이런 사람들은 '재미있게 사는 것이 인생이다.'라는 원칙이 있는 것 같다. 물론 일과 취미는 다른 영역이기는 하지만, 그래도 그들은 정해진 선을 넘어서 최대한 재미를 추구하다 보니 일에서도 좀 더 높은 성과를 낸다고 볼 수 있다. '미쳐야 미친다.'라는 말도 있듯이 영업의 세계에서도 한번 신나게 미쳐보고 싶다는 마음을 가져보는 것이 성과에 큰 영향을 미치게 된다.

# 영업인과 술: 친한 것과 믿는 것은 다르다

"영업은 고객에게 가치를 전달하는 과정이다. 가치를 전달할 때,
판매는 자연스럽게 이루어진다."
**제프리 기타머** 세일즈맨

예전과는 많이 달라지기는 했지만, 그래도 여전히 영업할 때 술이 적지 않은 역할을 한다고 믿는 사람들이 있다. 일견 이해는 할 수 있다. 유쾌하고 흥겨운 자리에서 이야기를 하다 보니 마음이 열리고 더 빨리 친해질 수 있기 때문이다. 물론 나 역시 고객과의 술자리를 마다하지는 않는다. 그러나 한 가지 주의해야 할 점은 술이 없어도 얼마든지 영업을 할 수 있으며, 더 나아가 오히려 술을 먹지 않아야 영업에 더 큰 도움이 된다는 점이다. 더 나은 영업을 꿈꾸는 사람이라면, '영업인과 술'에 대해서 반드시 정리를 하고 가야 한다.

## 퇴사하며 VIP 고객을 나에게 맡긴 이유

나 역시 영업을 시작한 초기에는 술자리에 의지하기도 했다. 확실히 그것이 도움이 될 수 있을 것이라고 생각했기 때문이다. 그런데 시간이 흐르면서 그것이 크게 도움이 되지 않으면서 오히려 부작용을 낳는다는 사실을 경험했다.

일본 보험업계의 전설적인 보험영업왕으로 평가받는 하야카와 마사루는 『영업의 신 100법칙』에서 술로 하는 영업에 대해서 이렇게 말한다.

"고객을 위해 마련한 술자리에서 고객이 취기로 인해 큰 건을 성사시켜 줄 것으로 말을 늘어놓지만, 유감스럽게도 술자리 다음 날에는 분위기가 냉랭해진다. 기대한 실적은 온데간데없고 돌아오는 것은 술값 청구서와 숙취뿐이다."

그의 이 말을 자세히 들여다보면 '술과 신뢰'에 대해서 다시 생각해볼 여지가 있다. 술은 그 자리 자체를 흥겹게 만들어 줄 수는 있겠지만, 신뢰 감과는 별 관계가 없다는 점이다. 누구와 계약을 하는 일은 돈이 오가는 일이며, 미래에 대한 매우 중요한 일이다. 과연 이런 일을 자주 취하고, 술에 의지하는 사람에게 맡길 수 있을까?

리더의 도미노

내가 신입일 때, 선배들 중에는 매일같이 술을 마시는 4~5명 정도의 한 그룹이 있었다. 그들끼리는 모두 학교 선후배 사이라서 친하기도 했다. 나야 같은 학교를 나오지 않았기 때문에 함께 술을 마셔본 적은 거의 없었다. 그런데 그들 중 한 명이 보험업을 떠나는 일이 있었다. 이럴 때는 보통 그간 자신이 관리하던 고객을 아는 설계사에게 넘기고 관리를 부탁하게 된다. 늘 함께 술을 마시면서 친해진 사람들이라면, 당연히 그들 중 한 명에게 고객을 넘기는 것이 매우 자연스러워 보인다. 그런데 어느 날 그 선배가 나를 불러 제일 중요한 VIP 고객들을 넘기며 관리를 부탁했다. 처음에 매우 의아했다.

'왜 친한 학교 선후배들이 아닌 나일까?'

## 같은 돈으로 더 큰 효과를 내는 법

나에게 고객을 넘긴 그분의 대답은 이랬다.

"내가 보니까 네가 지점에서 제일 성실하고 오래 일할 것 같아서 내 중요한 고객들을 맡겨도 케어를 잘할 것 같으니 잘 부탁한다."

그는 함께 술을 마시는 사람들과 친하기는 했지만, 깊은 신뢰감을 형성하지는 못했다. 그보다는 매일 아침 7시면 출근하고 늦게 퇴근하는 나를 보면서 오히려 속으로 '저 사람은 참 믿을 만한 친구 같아.'라고 생각했다는 이야기다.

술을 좋아하는 모습은 고객의 생각도 바꿀 수가 있다. 물론 술을 좋아하는 고객이라면 좋은 이미지를 가질 수도 있겠지만, 일부 고객은 술에 대해 매우 안 좋은 이미지를 가지고 있을 수도 있다. 부모가 술을 좋아해서 어린 시절에 고통을 당했거나, 혹은 술로 큰 사고를 경험하고 술을 먹지 않는 고객은 술에 관해 매우 부정적인 인식을 가질 수 있다. 의사들의 말처럼 '알코올 중독은 마음의 병'이라고 생각할 수 있다. 이런 고객에게 '술 좋아하는 영업사원'은 그리 썩 신뢰가 가지 않는 사람이 될 수 있다. 오히려 '저 친구 뭔가 문제가 있나?'라는 의심의 여지를 줄 수 있다. 당연히 소중한 돈을 맡기는 위험을 감수하지 않는다. 그러니 술은 오히려 영업을 방해하게 된다는 이야기다.

신입 시절 잠깐 술로 영업했지만 결과는 좋지 않았고, 그 이후 16년이 넘는 세월 동안 술이 매개가 되어 계약이 성사된 적은 한 번도 없었다. 주변을 둘러봐도 그렇다. 이는 술이 없어도 얼마든지 최고의 실적을 낼 수 있다는 점을 의미한다.

차라리 나는 술을 마시면서 쓸 수 있는 돈으로 고객에게 여행을 선물하기도 한다. 술을 좋아했던 한 고객이 있었는데, 그가 제주도를 한 번도 가지 못했다는 이야기를 들었다. 그래서 제주도행 비행기 티켓과 펜션을 예약해 드린 적이 있다. 술을 사드린 것이 아니라 '가족 여행의 추억'을 선물

리더의 도미노

한 것이다. 오히려 이런 선물이 함께 술을 마시는 것보다 훨씬 더 나은 효과를 주었다.

물론 술을 좋아하는 고객도 있다. 그들 역시 나와 어느 정도 친해지면 함께 술을 마시자고 한다. 그럴 때 나는 오히려 정장을 입지 않고 편한 옷차림으로 나가서 술을 마시는 동안에 일 이야기는 일절 꺼내지 않는다. 이런 자리에서 내가 정장 차림을 하지 않는 것에는 나름의 이유가 있다. 평소에 보던 '설계사의 모습'이 아닌, '친구 안현진'의 모습을 좀 더 부각하기 위해서였다. 평소에도 정장을 입은 설계사의 모습인데, 술자리에서도 그런 모습이면 서로가 부담스러울 수도 있기 때문이다.

## 신뢰가 먼저

친해져야 할 수 있는 일과 신뢰가 있어야 할 수 있는 일은 다르다는 점을 기억해야 한다. 영업은 전형적으로 신뢰가 있어야 할 수 있는 일에 속한다. 상품이 자신에게 얼마나 도움이 되는지, 지금이 구입할 최적의 시기인지, 영업사원의 말을 믿고 따를 수 있는지의 문제가 해결되어야 한다. 이것은 사람과 사람이 친하다고 해서 해결될 문제가 아니다. 신뢰의 문제에서 술이 가져오는 '친해지는 일'은 그다지 도움이 되지 않는다는 사실을 염두에 두어야 한다.

사실 술에서 도움을 받고자 하는 것은 영업의 본질을 회피하는 일이라고까지 말할 수 있다. '신뢰'로 정면승부를 해야 하는 것이 당연함에도 불구하고 그것을 '친해지는 일'로 측면 승부를 하려고 하기 때문이다. 설사 계약을 하더라도 나중에 고객이 후회하게 되고 결국 계속 유지될 수 없는 경우가 흔하다.

### 오성급(5star) 체크포인트

★ 일견 술이 영업에 도움이 될 수 있다고 생각되더라도, 현실적으로는 오히려 부작용을 가져온다.

★ 계약은 친해져야 성사되는 일이 아니라, 신뢰해야 성사되는 일이기 때문이다.

★ 술에 대해 안 좋은 이미지를 가지고 있는 고객들도 얼마든지 있다.

★ 술을 좋아하고 자주 마시는 영업인에 대한 이미지도 좋지 않을 수 있다.

★ 차라리 술에 쓸 수 있는 돈으로 고객에게 선물을 하는 편이 훨씬 도움이 많이 된다.

리더의 도미노

# 영업인과 책:
# 고객의 마음을 향한 지름길

"판매는 예술이다. 그것은 고객의 마음을 움직이고, 신뢰를 형성하는 과정이다."
**필립 코틀러** 경영학자

    독서는 더 이상 강조하지 않아도 될 정도로 중요하지만, 영업인에게는 좀 더 특별한 의미를 지니고 있다. 사실 독서를 하지 않으면 영업을 오래 하지 못할 정도라고 생각해도 된다. 자신을 발전시키기 위한 방편도 있지만, 고객과 대화의 스펙트럼을 넓혀주고, 고객을 잘 파악할 수 있도록 해주기 때문이다. 무엇보다 고객과 깊은 관계를 만들어 나가는 데도 안성맞춤이라고 할 수 있다. 특히 책은 시대의 변화를 고스란히 드러내 준다. 그리고 그것을 압축적이고 체계적으로 전달해주기 때문에 이는 자신의 미래를 개척하는 일에서도 큰 도움을 준다. 결국 평생 책과 함께하는 영업인은 고객과의 만남의 지평을 넓히고, 빠르게 변화하는 세상에 훨씬 잘 적응해서 유리한 삶을 살아갈 수 있게 된다.

## 세대 차이를 극복하는 공통된 주제의 발견

고객과 상담하는 장소가 고객의 사무실이거나 집일 때도 있다. 그럴 때 나는 매우 유심히 고객의 책장을 살피고, 현재 어떤 책을 읽고 있는지에 관심을 가진다. 책은 그 고객의 관심사를 단적으로 드러내 주기 때문이다.

한번은 나이가 좀 있으신 대표님의 사무실에서 상담을 한 적이 있다. 그분은 버스 회사를 운영하는 분이었고, 다른 설계사가 그만두면서 이관받은 고객이었다. 일단 인사 차원에서 한번 방문했을 때 그의 사무실에 『박정희 평전』이 있다는 사실을 알게 됐다. 다른 저자가 쓴 여러 평전들이 있는 것으로 보아, 박정희 전 대통령에 관심이 꽤 많은 듯 보였다. 인사를 끝낸 후 나는 서점에 들러 똑같은 책을 사서 다음 번 미팅 전까지 샅샅이 책을 읽었다. 원래 나의 관심사는 아니었지만, 고객도 이해하고, 또 한 명의 국가 지도자를 통해서 한국 현대사를 한번 훑는 것도 나쁜 일은 아닌 듯싶었다.

다음 번 미팅에 가서 해당 주제를 꺼내자, 고객은 깜짝 놀라면서 "젊은 사람이 어떻게 그 책을 읽었느냐."며 반가워했고, 나에 대한 호감이 높아지면서 상담도 훨씬 잘 이루어진 경험이 있다. 개인적인 느낌이지만, 같은 책을 읽은 사람들은 일시적이나마 서로 닮아간다는 생각도 들었다. 동일한 이야기에 빠지다 보니 감성이나 생각도 비슷해지는 것이다. 더구나 상대방의 전반적인 관심사를 알게 되면 책을 선물하기에도 매우 좋다.

거기다가 책을 통한 교류는 나이 차이를 훌쩍 뛰어넘을 수 있게 해준다. 앞서 버스 회사 대표님은 나이가 60세가 넘어서 당시 30대 초반의 나와는 그리 소통할 주제가 별로 없다. 나이 차이가 나면 관심사도 달라지고 세상을 바라보는 관점도 차이가 있기 때문이다. 하지만 '박정희 대통령'이라는 하나의 주제가 일치하게 되면 그만큼 대화가 많아지고 가까워질 수 있다. 이는 다른 고객들도 마찬가지다. 한 사람의 관심사는 대체로 자신의 직업과 관련이 있기도 하는데, 영업인이 만나는 고객들의 직업은 말 그대로 천차만별이다. 따라서 영업인이 책을 통해서 꾸준하게 자신의 지식을 넓히지 않게 되면 대화의 폭이 그만큼 줄어들 수밖에 없다.

결국 책이라는 도구는 고객의 마음으로 향하는 지름길이라고 할 수 있다. 고객의 관심사를 공유하고, 함께 대화할 주제를 늘리고, 자신의 개인적인 발전도 꾀할 수 있는 매우 훌륭한 도구이다. 내가 아침에 일어나 제일 먼저 하는 일도 바로 독서이다. 영업인의 삶은 곧 독서하는 삶이라고 해도 과언이 아니다.

## 한 권을 전부 읽어야만 하는 건 아니다

다만 독서를 꾸준하게 하기 위해서는 자신만의 방법이 있어야만 한다. 생각날 때 읽는 것이 아니라, 그 자체가 생활의 일부가 되기 위해서는 자신의 스타일에 맞는 독서법을 생각해내야 한다. 나의 경우에는 독서와 친해지기 위해서 책이 눈에 자주 띄도록 의도적으로 책을 배치한다.

읽고 싶은 책을 여러 권 샀다면 거실에도, 차 안에도, 화장실에도 한 권씩 던져 놓으면 눈에 자주 보이고 그래서 손이 많이 간다. 이 책을 읽다 저 책을 읽어도 크게 상관은 없다. 지방 출장을 가는 일이 있다면 음악보다는 오디오북을 듣는 것도 한 방법이다.

또 과거에 읽은 책을 세월이 흘러 다시 읽는 것도 책의 가치를 더 크게 만드는 일이다. 예를 들어 20대에 읽었던 책을 30대나 40대에 다시 읽어보면 그 의미가 매우 새롭다. 어차피 책을 해석하는 자가 의미를 만들어낸다. 나이가 들어 세상을 보는 안목이 달라지니까, 같은 책이라도 새로운 의미를 스스로 만들어낼 수 있게 된다. 나 같은 경우는 『부자아빠 가난한 아빠』라는 책을 몇 년간 주기적으로 읽어 보았다. 시대의 변화에 따라서 가치가 달라지는 내용이 아니다 보니, 자주 읽으면 저자의 생각이 오롯이 나의 신념으로 변하게 된다.

독서 습관을 들일 때 중요한 점 하나는, 온전히 책 한 권을 전부 읽지 못했다고 해서 스트레스 받을 필요는 없다는 점이다. 돈을 들여 책을 사고도 다 읽지 못했다면 왠지 낭비했다는 느낌이 들고, 이런 일이 잦아질 때마다 스트레스를 받아 더 이상 책을 사려고 하지 않는 경우도 생긴다. 하지만 책 한 권에서 단 한 페이지, 단 한 줄만 나에게 감동을 주거나, 새로운 통찰을 준다고 하더라도 1~2만 원의 가치는 충분히 한다. 비슷한 가격의 밥 한 끼를 먹어도 배가 부른 시간은 5~6시간밖에 되지 않는다. 하지만 한 줄의 감동, 놀라운 통찰은 나에게 평생 영향을 미친다. 책을 다 읽지 못했다고 해서 결코 낭비되는 일은 아니다. 또 책을 처음부터 읽어야 한다고 생각하지만, 이것 역시 고정관념이다. 목차에서 가장 흥미가 가는 부분부터 읽어도 얻을 것이 있으며, 나중에 다 읽지 못해도 충분히 값어치를 하게 된다.

책은 지식을 획득할 수 있게 해주는 가장 저렴하면서도 고급스러운 도구이며, 가장 확실하게 교훈을 남기는 물건이며, 가장 빠르게 고객과 교감할 수 있는 통로이다. 아직 독서가 익숙하지 않다면, 최소 하루 몇 페이지라도 읽는 습관을 들여보자. 책은 절대로 배신하지 않고 당신의 삶을 고양시켜줄 수 있을 것이라 확신한다.

★ 고객이 읽는 책을 알게 되면, 고객의 관심사를 알게 된다. 같은 책을 읽고 대화해보는 것을 추천한다.

★ 나이 차이가 많으면 그만큼 대화할 주제가 적다. 이때 책은 훌륭한 대화의 주제가 된다.

★ 책은 처음부터 읽어야 하고, 끝까지 다 읽어야 한다는 고정관념에서 벗어나자.

★ 눈에 자주 띄는 곳에 책을 놓아두면, 그만큼 자주 손이 갈 수 있다.

★ 영업인이 만나는 고객의 직업은 매우 다양하다. 그들과 대화의 주제를 위해서라도 늘 책과 함께하는 일은 중요하다.

## 고객을 감동하게 하는 관찰의 중요성

고객과 더 가까워지고, 그들에게 맞는 배려를 하고 싶다면 고객을 잘 관찰하는 습관을 가져야 한다. 그러면 그 고객의 특별한 점을 발견할 수 있고, 더 나은 배려 방법을 찾을 수 있게 된다.

일례로 나는 처음 만난 고객과 커피를 한잔했을 때 그가 왼손잡이라는 사실을 관찰했다. 사소한 것이기는 하지만, 신경 써서 관찰하지 않으면 사실 몇 시간을 이야기해도 상대가 왼손잡이인지, 오른손잡이인지를 잘 모른다. 그 후 다음 번 식사 자리에서는 그 고객을 위해 물컵, 숟가락과 젓가락을 왼손잡이에 맞게 세팅해 놓았다. 그랬더니 그분은 정말로 깜짝 놀라면서 좋아하셨다. 고객의 입장에서는 진심으로 배려받고 있다는 느낌이 들 수밖에 없다.

한번은 강남의 한 건물 1층에서 상담을 했는데 고객 한 분이 같은 건물에서 근무하고 있는 것이 기억이 났다. 그리고 지난번에 고객이 마셨던 커피와 쿠키를 메모해 놓은 게 있어서 미팅이 끝난 후 그 커피숍에 고객님의 이름으로 평소 자주 드시는 커피와 쿠키를 몇 번 드실 수 있도록 미리 결제를 해놓았다. 그리고 메시지로 그 사실을 알려주었더니, 고객이 너무 좋아했던 기억이 있다. 아마도 그런 일을 겪은 고객이라면 '설계사 안현진'이라는 이름을 잊을 수 없을 것이다. 고객을 잘 관찰하면, 분명 그들을 감동시킬 수 있는 포인트를 찾아낼 수 있게 된다.

# 영업인과 커피: 프로포즈 하듯 세심하게 준비하라

"준비에 실패하는 것은 실패를 준비하는 것이다."
**벤자민 프랭클린** 정치인


사람과의 만남에서는 늘 밥과 커피가 빠지지 않는다. 가까운 사이일수록 함께 밥 먹고 커피 마시며 대화하는 일도 늘어나게 마련이다. 고객과의 미팅에서도 마찬가지다. 함께 식사하고 커피를 마시면서 상담하면 분위기 자체도 한결 부드러워지고 대화도 잘될 수 있다. 그런데 문제는 이런 밥과 커피가 너무 익숙하고 일상적이다 보니 다소 세심하게 준비할 생각을 하지 못한다는 점이다.

이는 마치 아무 생각 없이 하는 운전과 마찬가지다. 운전이 익숙해진 후에는 핸들을 잡기 전에 '아, 이제 운전할 준비를 해야지.'라고 생각하지 않는다. 그냥 닥치면 하는 일에 불과하기 때문이다. 하지만 영업에서 고객과의 상담은 계약의 처음이자 끝이다. 그래서 상담을 준비할 때는 매우 세심하게 '밥과 커피의 전략'을 세워야만 한다.

## 상담의 90%는 분위기다

전략이 없는 행동을 하게 되면 자신의 목표를 달성할 가능성이 떨어지고 돌발적인 상황에 대처하기도 쉽지 않다. 고객과의 상담도 마찬가지다. 우선 아무 전략 없이 고객과 밥 먹고 커피를 마시면 어떤 일이 일어나는지부터 생각해 보자.

약속이 잡히면 아마도 누구나 만나기로 한 장소의 인근 맛집 정도는 검색할 것이다. 약속 시간에 고객을 만나면 분위기 좋게 인사하고 함께 밥을 먹으면서 대화를 나눌 것이다. 그런데 밥을 다 먹은 다음부터 문제가 생긴다. 음식점에서 상담할 수는 없으니, 근처의 커피숍을 찾게 된다.

당장 눈에 보이는 곳으로 가게 되면 손님들이 많아서 어쩔 수 없이 남는 테이블에 앉게 된다. 테이블 옆으로 사람들이 왔다 갔다 하고 심지어 화장실 근처의 자리에 앉을 수도 있다. 주변에는 한껏 수다를 떠는 사람들이 많아서 내가 고객에게 하는 말도 잘 전달되지 않고 자신도 가끔 고객의 말이 안 들리기도 한다. 그러니 상담에 집중하지 못하게 되는 것은 둘 다 마찬가지다. 그러는 사이 시간은 자꾸 흐르고, 집중하지 못한 고객은 지루함을 느낄 수도 있다. 그래도 열심히 상품을 설명할 것이다.

어느덧 상담을 마무리할 시간이 다가온다. 결국 고객은 "그럼, 생각해 보고 연락드릴게요."라는 말을 남기고 자리를 뜨고 만다. 하지만 며칠을 기다려도 연락은 오지 않고, 결국 그날의 미팅은 '맛집 탐방'이 전부가 된다. 영업인들에게는 식사비만 나가는 최악의 상담일 수밖에 없다.

일단 나의 경우에는 고객과는 밥을 먹는 일을 최대한 피한다. 밥을 먹고 자리를 옮겨 커피숍으로 가게 되면 일단 분위기가 깨지게 된다. 거기다가 상담에 도움이 되는 최적의 자리를 선택하지 못하기 때문에 집중하지 못하는 환경의 자리에 앉을 가능성이 매우 높다.

반드시 밥을 먹어야 한다면 패밀리 레스토랑을 선택하는 경우가 대부분이다. 그곳에서는 다른 식당보다는 자리가 널찍하기 때문에 일단 식사를 하고 나면 테이블을 완전히 치우고 커피를 마실 수 있다. 이동으로 인한 분위기가 깨지지 않게 된다. 또 가능하면 2인용 자리보다는 조금 넓은 자리를 예약할 수 있도록 사전에 매니저들에게 부탁을 한다.

굳이 식사가 필요 없을 때는 최소한 30분 전에 커피숍에 도착해서 상담을 위한 최적의 자리를 물색할 필요가 있다. 제일 좋은 자리는 약간 구석지면서도 테이블이 너무 좁지 않은 곳이며, 주변의 카페 고객들이 오가지 않는 공간이다. 번잡스러운 환경에서는 자신이나 고객이나 모두 신경이 분산되어 집중력 있는 상담을 하기가 힘들다. 거기다가 고객이 마음을 결정하는 데에도 방해가 될 수밖에 없다.

커피숍의 선택도 중요하다. 스타벅스와 같은 대형 체인 매장은 사람들이 무척 많고 자주 드나들어서 적절한 환경이 되지 못한다. 그래서 미팅이 결정되면 사전에 앱을(검색을) 통해서 인근의 커피숍을 미리 찾고, 실제로 현장에 도착해서 최적의 자리를 잡는 것이 좋다.

## 상담 전에 이미 결과가 결정된다

한번은 이런 일도 있었다. 어느 카페에 갔는데, 카운터 앞자리 말고는 도저히 자리가 없었다. 하지만 카운터 자리에 앉게 되면 손님들이 계산할 때 매우 분주한 환경이 되고 만다. 그때 창가에 아주 마음에 드는 자리가 하나 있었는데, 한 여성 손님이 있었다. 커피도 거의 다 마신 것 같아서 곧 가려나 싶어 20분을 기다렸지만, 미동도 없었다. 결국 어쩔 수 없이 1만원 정도의 쿠키를 사서 그분에게 다가가 정중하게 말했다.

"정말 죄송하지만 제가 중요한 미팅이 있어서 자리를 좀 옮겨주시면 이

쿠키와 함께 별도의 음료수 한 잔을 대접하겠습니다."

그 손님은 그렇지 않아도 나가려고 했다고 흔쾌하게 자리를 양보해 주었다. 그래도 쿠키는 미리 사 놓은 것이니 성의로 받아달라고 하면서 그분께 전했다. 자주 있는 일은 아니지만, 정말로 특정한 자리가 탐날 때는 한 번쯤 활용해 볼 수 있는 방법일 것이다.

어떤 커피숍의 경우는 4인을 예약하면 조그마한 룸 같은 공간을 잡아주기도 한다. 이때 나는 한 명의 고객과의 만남이지만 일부러 4인 좌석을 예약한다. 그리고 현장에 가서는 매니저에게 4명이 예약했지만 2명밖에 오지 않을 것이라고 말하고, 그 대신 2인분의 금액에 해당하는 쿠키를 사겠다고 말하면 대부분 4인 자리에 앉도록 해준다. 쿠키는 나중에 결제하지 않고 미리 결제해서 잠시만 맡아달라고 한다. 그리고 상담이 끝나면 곧바로 그 쿠키를 고객에게 전달한다. 쿠키의 경우 미리 결제해 놓지 않으면 다시 결제할 때 혹시 다른 손님이 있다면 시간이 걸리기 때문에 선물할 타이밍을 놓칠 수도 있기 때문이다.

경험상 고객과의 상담은 분위기가 90%를 차지한다. 중요한 것은 이 분위기가 고객의 마음의 결정에도 많은 영향을 미친다는 점이다. 보험 상품의 가입은 당장 내 주머니에서 돈이 나가는 일이다. 고객의 입장에서 신중하게 생각해야 것은 너무도 당연하다. 하지만 집중이 되지 않고 부산스러우면 그 결정을 다음으로 미루게 되고, 이렇게 되면 계약의 가능성은 현저하게 떨어질 수밖에 없다.

혹시 프로포즈를 해 본 적이 있는가? 그 누구도 성의 없고, 흥미롭지도 않은 프로포즈를 받고 싶지 않을 것이다. 그런 프로포즈를 받은 사람은 오히려 '내가 이렇게 가치가 없는 사람인가?'라는 자괴감만 갖게 될 것이다. 나는 늘 고객과의 상담을 프로포즈라고 생각한다. 처음부터 끝까지, 사소한 디테일까지 놓치지 않아야 결혼에 골인할 수 있듯, 영업인들은 계약이라는 최종 목표를 손에 쥘 수 있을 것이다.

## 오성급(5star) 체크포인트

★ 고객과의 상담은 '맛집 탐방'이 아니다. 맛보다는 상담에 적합한 장소를 선택하라.
★ 카페 내부의 자리 배치를 확인하기 위해 30분 전에는 도착할 필요가 있다.
★ 부산스럽지 않고, 집중할 수 있는 자리를 선택해야 한다.
★ 정말 사랑하는 이성에게 프로포즈를 하는 마음으로 상담에 임해야 한다.
★ 과정이 결과를 지배할 수도 있다는 사실을 잊어서는 안 된다.

# 지인 영업의 필요성과 과도한 영업에 대한 경계

"당신의 목표는 단순히 거래를 성사시키는 것이 아니라, 고객과의 장기적인 관계를 구축하는 것이다."
**하비 맥케이** 경영자

'영업'이라고 불리는 일도 좀 더 세심하게 구분해 들여다볼 필요가 있다. 일단 아는 사람에게 영업을 하는 '지인 영업'의 경우, 초기에는 매우 좋은 방법이지만, 철저하게 '훈련'이라는 입장에서 접근해야 한다. 또 본인 스스로를 대상으로 하는 '본인 영업'도 필히 거쳐야 할 과정이다. 자신도 설득되지 않는 상품에 고객이 설득될 리가 없기 때문이다. 마지막으로는 과도한 영업에 대한 경계심도 가져야 한다. 보험을 재설계한다고 하면서 고객이 기존에 가지고 있던 보험을 해지하고 새로운 보험을 들게 하는 일도 생긴다. 당장 경제적으로 도움이 될 수는 있지만, 고객에게는 더 많은 부담을 전가할 수 있다. 진정한 영업의 프로가 되고 싶다면, 이러한 영업의 종류와 주의해야 할 점을 알 필요가 있다.

## 지인 영업은 훈련을 위한 소중한 기회

보통 '지인 영업'이라고 하면 때로는 좋지 않은 시각으로 볼 때도 있다. 주변의 아는 사람들에게 영업하는 일은 매우 쉽기 때문에, 처음부터 그런 식의 영업을 해서는 안 된다는 인식 때문이다. 하지만 지인 영업도 어떻게 하느냐에 따라서 하늘과 땅 차이이다. 기존의 방식대로 '아는 사람이니까 편하게 하는 영업' 정도로 받아들인다면, 자신의 소중한 자원을 너무 낭비하는 것이라고 볼 수 있다. 차라리 지인 영업을 철저한 훈련의 과정으로 받아들인다면, 매우 소중한 기회로 바꿀 수 있다.

가장 손쉬운 영업의 상대방은 단연 부모님이나 형제자매 등 가족일 것이다. 열심히 살겠다며 영업이라는 쉽지 않은 길을 걸어가는 자식에 대한 응원의 차원에서라도 상품을 가입해줄 수도 있기 때문이다. 하지만 나는 전혀 다른 입장을 가졌다. '오히려 더 엄격한 고객이라고 생각하고 영업을 해 보자.'고 생각했기 때문이다.

일단 부모님에게 가기 전에 옷에 무척 신경을 썼다. 일반 고객을 만나는 것보다 더 단정한 자세와 깨끗한 양복, 격식 있는 태도를 갖춰서 찾아뵈었다. 회사 배지를 달아서 '공식적인 만남'이라는 점도 부각했다. 이때가 신입 1차월 때였다. 하지만 보통 자녀가 찾아온다면, 부모님을 무엇을 준비할까? 당연히 정성스러운 밥 한 끼일 것이다. 그때도 어머님이 그랬다.

"무슨 양복을 입고 와? 빨리 편한 옷 갈아입고 밥 먹자."

그러나 나의 목적은 밥이 아니었기에 밥을 좀 있다가 먹자고 말하며 보험에 관한 말을 꺼냈다. 어려서부터 내가 땀이 많다는 사실을 알고 계셨기에 일단 양복부터 갈아입고 오라고 다시 독촉하셨다. 하지만 나는 그때 이렇게 말했다.

"어머니, 제가 만약 의사이고 어머님을 수술해야 한다면 제가 의사 가운을 입고 수술할까요? 아니면 어머님이라서 편하다고 추리닝을 입고 수술할까요?"

그제야 부모님도 자세를 고쳐 앉으시면 나의 이야기를 들어주셨다. 그렇게 해서 약 1시간가량 상품을 설명했고, 신중하게 생각하시라고 당부드렸다. 그렇게 해서 세 번의 만남 끝에 결국 계약을 할 수 있었다. 함께 듣고 있던 아버님은 나중에 나에게 이런 말씀을 하셨다.

"내가 공직 생활을 30년을 하면서 수많은 설계사들을 만나봤는데, 네가 그중에서 설명을 제일 잘하는 것 같다."

그냥 자식이라 하시는 말씀이 아니라 정말 그렇게 느끼시는 것 같았다. 그리고 이런 지인 영업은 더 큰 결과를 낳을 수 있었다.

## 나도 설득 안 되는 상품을 다른 이에게 권한다?

당시 어머님은 동네에서 흔히 말하는 '인싸'였다. 그 계약 이후 어머님은 정말 많은 주변 친구분들을 나에게 소개해주었는데, 만약 내가 편하게 "어머니, 나 보험 하나 들어주세요."라고 했다면 과연 그렇게나 많은 사람을 소개해주셨을까? 내가 정식으로 '설계사'로서의 자세를 가졌으니, 부모님도 자신의 주변에 '내 아들'을 소개해준 것이 아니라 '괜찮은 설계사'를 소개해주셨던 것이다. 이후 나는 친형에게도 이렇게 영업을 했고, 2~3차례의 만남 끝에 계약을 했다. 당시 가족들이 했던 계약은 지금도 여전히 유지되고 있기 때문에, 각자가 보험의 필요성을 충분히 인정하고 있다고 볼 수 있다.

영업을 처음 시작한다면 지인 영업부터 하는 게 맞는 일이지만, 이 소중한 기회를 '철저한 훈련'의 하나로 생각해야만 한다. 온정에 기대어 영업하게 되면 상대방에게도 도움이 되지 않고, 결국 그 자신도 아무런 훈련의 경험을 쌓을 수 없게 된다.

지인 영업을 잘하기 위해서는 반드시 스스로를 설득하는 과정인 '본인 영업'도 거쳐야 한다. 수신제가치국평천하修身齊家治國平天下라는 말도 있지 않은가. 먼저 자기 자신을 닦고 집안을 가지런하게 한 다음 나라를 다스리고 천하를 평안하게 하듯, 나부터 설득하는 것이 영업인의 기본 자세이기도 하다. 그래서 나는 입사 당시 회사의 모든 상품을 공부해서 '나에게 가장 잘 맞는 상품'을 찾아내고 가입했다. 그리고 사람들이 직접 보험을 가입할 때 어떤 점을 생각하는지, 무엇을 따지고, 무엇에 대해 거부감을 가지고 있는지 직접 체험하면서 감을 길러 나갔다.

마지막으로 살펴보아야 할 것은 바로 '과잉 영업'이다. 일반적으로 한 개인이 보험상품에 정상적으로 납입할 수 있는 총액수는 한계가 있게 마련이다. 그래서 이미 여러 개의 보험을 가진 사람이라면 그 이상 가입하기는 쉽지 않다. 아무리 영업을 잘하는 사람도 "이미 충분히 보험에 가입했다."는 고객을 설득하기는 힘들다. 그래서 탄생한 것이 '보험 리모델링'이라는 마케팅 기법이다. 물론 고객의 니즈가 충분히 반영되지 않거나, 필요 없는 보장이 있거나 할 때 이를 다시 조정해주는 장점도 있다. 이럴 때는 정말로 고객에게 도움이 될 수도 있지만, 자칫하면 악용될 여지가 있는 점도 사실이다.

## 오히려 고객이 당황한 사건

한번은 친한 친구가 자신이 아는 언니를 소개해주어서 서울에서 안산까지 상담을 간 적이 있었다. 이분은 보험료를 좀 줄이고 다른 상품을 가

리더의 도미노

입하고 싶다는 니즈를 가지고 있었다. 그런데 그분의 가입 목록을 보니, 누가 설계해 줬는지는 모르겠지만 정말로 잘되어 있었다. 그래서 "제가 봤을 때는 그냥 이대로 유지하시는 게 맞다."라는 의견을 드렸다. 그랬더니 오히려 고객이 당황한 듯한 눈치였다. 설계사가 자신의 상품을 권유하지 않고, 기존의 상품들을 유지하라니. 도대체 이 설계사는 왜 이러는지 생각했을 것이다. 하지만 이미 충분히 잘되어 있는 포트폴리오를 무너뜨릴 필요는 없다고 생각했다. 다만 고객이 그 상품에 대해 좀 더 잘 알 수 있도록 잘 정리한 자료만 나중에 가져다드리겠다고 했다. 나중에 여러 명의 다른 고객에게 새로운 계약에 관한 전화를 받았는데, 알고 보니 그분의 지인이었다. 소개를 하면서 "정말 믿을 만한 설계사다."라고 말했다는 이야기도 들었다. 아마도 과잉 영업을 하지 않는 나에 대한 깊은 인상을 가지셨던 모양이다.

사실 상품에 대해서 설계사보다 더 잘 파악하고 있는 고객은 거의 없다. 이 말은 설계사가 얼마든 마음만 먹으면 기존의 보험을 해약하고 자신이 권하는 상품으로 재가입시킬 수 있다는 이야기다. 하지만 그렇게 하면 결국 고객은 피해를 입어야만 한다. 보험의 원래 목적은 고객을 재정적 위험으로부터 보호하고 이익을 얻도록 하는 것인데, 이는 상품의 원래 목적에 반하는 모습이 된다. 이런 유혹에 대해서는 언제나 당당하게 대처할 수 있도록 평소 자신의 마음을 다스려야 할 것이다.

## 오성급(5star) 체크포인트

★ 지인 영업은 매우 소중한 훈련의 기회이다. 일반 고객보다 더 엄격한 자세로 접근하면서 훈련해 보는 일이 필요하다.

★ 특히 지인들에게도 신뢰를 주는 영업을 하면, 기존의 신뢰까지 더해 더 많은 새로운 고객을 소개받을 수 있다.

★ 자신에게 최적인 상품을 찾아 가입하는 본인 영업은 상품을 더 잘 이해하고 고객의 입장이 되는 기회라고 볼 수 있다.

★ 당장의 과잉 영업은 경제적 도움이 되겠지만, 결국 고객에게 피해를 끼치는 일이다.

★ 항상 고객의 이익과 자신의 이익 사이에서 당당해질 수 있는 자세를 갖춰야 한다.

# 선물은 심리전, 물건이 아닌 의미를 선물하는 법

"가장 좋은 선물은 마음에서 우러나오는 작은 배려와 사랑이다."
**헨리 반 다이크** 목사

　영업 현장에서는 선물을 해야 할 경우가 적지 않게 생긴다. 고객에게 선물을 해야 할 때도 있고, 함께 근무하는 직원들에게 해야 할 때도 있다. 특히 선물은 상대방에 대한 나의 마음을 가장 직접적으로 드러낼 수 있다는 점에서 매우 유용한 방법이기도 하다. 그런데 선물을 해야겠다는 생각이 들면 가장 먼저 '어느 정도 비싼 것을 해야 할까?'라는 생각이 들게 마련이다. 너무 저렴한 것을 하게 되면 오히려 상대에게 실례가 될 수도 있기 때문이다. 거기다가 상대방의 취향을 잘 모르기 때문에 차라리 상품권으로 주는 게 더 낫지 않을까 하는 생각이 들 수도 있다. 그러나 우리는 선물과 관련된 이런 외부적인 요인에 매몰되어서는 안 된다. 정확하게 보자면 선물은 '심리전'이다. 물건의 종류나 가격보다 더욱 중요한 것은 '나의 선물이 상대의 마음에 얼마나 임팩트 있게 꽂히고, 그것으로 감동을 증폭

시킬 수 있느냐의 문제'라는 이야기다.

## 포스트잇 노트의 설득 효과

어떤 면에서, 선물은 매우 복합적인 행위라고 봐야만 한다. 단순히 내 주머니에서 돈 몇 푼을 꺼내 물건을 사고, 그것을 상대방에게 전달하는 단편적인 행위가 아니라는 이야기다. 선물에는 상대방과 얽힌 과거의 추억이 서려 있고, 앞으로 더 좋은 관계를 가지고 싶은 희망이 섞여 있다. 또 나의 마음을 가장 직접적으로 드러낼 수 있으며, 그것을 받는 사람의 마음을 움직이게 할 수도 있다. 결국 사람과 사람의 관계에서 한 단계 더 발전을 도모하는 일이다. 그런 점에서 선물의 기술은 영업인에게 무척 필요하면서도 중요한 기술임에 틀림없다.

첫 번째로 알아두어야 할 점은 선물은 '물건'이 아니라 '의미'라는 점이다. 사실 내가 상대방에게 어떠한 선물을 주더라도 상대방은 심드렁할 수 있다. 예를 들어 대기업 회장에게 아무리 비싼 것을 선물한들 무슨 소용이 있겠는가? 과일 도매상을 하고 있는 고객에게 고급스러운 과일 상자를 보내준들 반가워할 수 있을까? 엄격하게 말하면, 선물이란 가격과는 전혀 상관없다. 물론 비싼 것을 사면 더 좋겠지만, 그것은 언제나 한계가 있는 문제이며, 본질적인 것도 아니라는 점을 염두에 두자.

보험회사에서는 매주 실적에 따라서 시상하는 경우가 많다. 나 역시 꽤 자주 상을 받곤 했는데, 부상은 보통 2~3만 원 정도의 상품권이나 현금이다. 이때 나는 그것을 다시 고객들에게 선물하는 것이 낫겠다 싶었지만, 단순한 선물보다는 더 큰 의미를 부여하고 싶었다. 예를 들어 봉투에는 이렇게 쓴다.

"지난주에 좋은 후배를 소개해주셔서 정말로 감사합니다. 제가 좋은 실적을 거둬 상품권을 받았는데, 고객님이 생각났습니다. 요즘 ○○○이라는 영화가 개봉했는데, 여자 친구분과 함께 보시면 좋을 것 같아 선물로 드립니다!"

이렇게 적으면 내가 고객에게 선물하는 것은 '2~3만 원짜리 상품권'이 아니라 '여자 친구와의 행복한 데이트'가 되는 것이다. 선물의 격이 달라지고 감동의 레벨이 올라간다는 이야기다.

미국의 한 대학교 교수가 '포스트잇 노트의 설득 효과'라는 연구 결과를 발표했다. 교수는 150명의 피실험자들에게 다소 작성하기 어려운 설문지를 나누어준 후 응답률을 조사했다. 첫 번째 그룹에는 설문지 위에 포스트잇을 붙여 놓고 "응답을 부탁드리겠습니다."라고 적어 놓았다. 두 번째 그룹에는 포스트잇이 아닌, 그냥 설문지 첫 장의 빈 공간에 "응답을 부탁드리겠습니다."라고 적어 놓았다. 마지막 세 번째 그룹에는 아무것도 적지 않고 그냥 설문지만 주었다. 그 결과 포스트잇을 부착한 설문지를 받은 그룹의 응답률은 무려 76%에 달했다. 반면 설문지 위에 부탁의 글을 적은 그룹의 응답률은 48%, 마지막으로 아무것도 적지 않은 그룹의 응답률은 36%에 불과했다. 상대방에게 선물을 할 때 그 의미를 더 부각하기 위해서는 이러한 포스트잇, 혹은 별도의 편지를 쓰는 것이 큰 도움이 될 수 있다. 선물을 주면서 말로만 "고맙다, 감사하다."고 할 것이 아니라, 직접 손으로 글을 적으면 그 효과는 월등히 높아질 것이다.

## 최적 타이밍의 새벽 배송

선물할 때 두 번째로 중요한 점은 당구 용어로 '쓰리쿠션 전략'이라는 것이다. 공이 다른 공을 튕겨서 또 다른 공을 치는 것을 의미한다. 중요한 점은 절묘하게 쓰리쿠션으로 들어가는 공을 보면 자신도 모르게 감탄하게 된다. 마찬가지로 선물에서의 쓰리쿠션은 더 큰 감동을 선사하는 경우가 많다.

영업사원은 관리자보다 월급을 더 받는 경우가 많다. 한 달에 천만 원을 훌쩍 넘어서는 경우도 있는데, 이때 시상으로 상품권을 준다고 해서 크게 감동하지는 않는다. 그래서 한번은 한 설계사에게 시상금을 주어야 했는데, 차라리 방향을 바꿔서 그 설계사의 고객에게 선물을 한 적이 있

리더의 도미노

다. 마침 결혼기념일이 다가온다는 사실을 알게 되어 좋은 와인과 꽃바구니를 선물한 적이 있다. 고객은 지점장이 직접 자신에게 선물했다는 사실에 놀라워하며, 그 사실을 담당 설계사에게 알리면서 감사하다는 말을 전해왔다. 그 담당 설계사는 다시 나에게 너무 고맙다는 말을 하는 것은 물론, 지점장에 대한 로열티는 돈으로 환산할 수 없을 정도로 커졌다.

결국 그냥 주면 별 감동이 없을 시상금으로 우선 '설계사의 고객'이라는 공을 맞힌 후, 그것이 다시 '담당 설계사'로 이어지는 쓰리쿠션은 2배, 3배의 효과를 발휘한 것이다. 쓰리쿠션의 방향 설정은 꽤 다양하게 할 수 있다. '고객의 부모님→고객'으로 할 수도 있고, '친구의 아내→친구'로 할 수도 있다. 당연히 '고객의 자녀→고객' 등도 얼마든지 가능하다.

세 번째로 중요한 점은 바로 '타이밍'이다. 일반적으로도 타이밍이 중요하지만, 선물만큼 타이밍이 중요한 행위도 없다. 배가 부른 사람을 아무리 고급 한정식 집에 데려가도 진심으로 감동할 리가 없다. 배가 고플 때, 그리고 패스트푸드와 간편식에 질렸을 때는 백반 한 상도 상대에게 큰 감동을 안긴다.

코로나19가 한창일 때 혼자 사는 여성 설계사가 일주일간 자가격리를 한 적이 있었다. '내가 뭘 좀 해줄 게 없을까?' 하며 답답해하고 있던 차에 평소에 그녀가 과일을 즐겨 먹는다는 사실이 기억났다. 곧바로 쿠팡프레쉬를 통해 신선한 과일을 새벽 배송으로 보내주었다. 그다음 날 아침, 그 설계사로부터 정말이지 길고 긴 장문의 감사 문자를 받았다. 격려 기간이 끝나고 다시 출근한 이후, 이제 더 이상 그녀에게 "우리 열심히 일합시다."라는 말을 할 필요가 없어졌다. 눈에 띄게 밝고 활달하고 최선을 다하는 모습을 보여주었기 때문이다. 적절한 타이밍에 상대가 꼭 필요한 것을, 그리고 상대방의 곤란을 해결해 줄 수 있는 선물을 할 수 있다면, 그 효과는 극대화될 수밖에 없다.

마지막으로 염두에 두어야 할 것이 하나 있다. 그것은 바로 '선물은 선물일 뿐이다.'라는 점이다. 선물이 영업을 조금 더 쉽게 해주는 역할을 하는 것은 분명하지만, 애초에 그럴 의도를 갖지는 말자는 이야기다. 무엇이든 너무 직접적으로 드러내고 의도를 비치면 효과는 반감된다. 그저 좋은 여운을 남기기 위해, 또 먼 미래에 조금이라도 추억이 되었으면 하는 마음이면 충분하다. 만약 그렇지 않을 경우 상대방에게 부담이 될 수 있고, 또 선물을 하는 자신도 괜한 기대감을 가지게 되어 선물이 오히려 불편함을 초래할 수 있다.

선물에 관한 이런 명언이 있다.
'선물은 종종 물건으로 오해하기 쉽다. 하지만 가장 소중한 선물은 우

리의 시간, 친절, 때로는 필요한 사람에게 위안을 주는 것이다.'

선물은 결국 마음을 전달하는 것이라는 사실과 앞서 언급한 몇 가지 중요한 방법만 안다면 기본적인 감동은 선사할 수 있을 것이다.

## 오성급(5star) 체크포인트

★ 선물은 '의미'로 승부해야만 한다.

★ 편지, 포스트잇을 적극 활용해라. 임팩트가 강해진다.

★ 쓰리쿠션을 기억하라. 선물의 방향을 제대로 잡으면 감동은 증폭된다.

★ 최적의 타이밍을 염두에 두라. 상대의 곤란을 해결할 수 있다면 더욱 효과적이다.

★ 선물은 선물일 뿐, 자칫 상대방에게는 부채감을, 나에게는 괜한 기대감을 심을 수 있다.

## 기왕 할 선물이라면, 고객이 자랑할 수 있는 것을 하자

선물을 할 때 한 가지 염두에 둘 포인트가 있다. 가격이 조금은 더 비쌀 수는 있지만, 기왕 할 선물이라면 고객이 자랑할 수 있는 선물을 해야 한다는 점이다.

예를 들어 생일을 맞은 고객에게 케이크를 선물한다고 해 보자. 그런데 나만 그 고객에게 케이크를 선물할까? 그렇지 않다. 분명 또 다른 누군가도 케이크를 준비할 수 있다. 그런데 흔히 일반 사람들이 알고 있는 브랜드의 케이크가 아니라 호텔 케이크를 선물한다면 어떨까? 과연 고객은 자신의 생일날 누구에게 받은 케이크를 개봉해서 사람들에게 자랑할까? 당연히 호텔 케이크일 수밖에 없다. 그러면 주변 사람들은 "이거 누가 선물한 거야?"라고 물을 가능성이 크고 고객은 나를 다시 상기하고 내 이름도 언급하게 된다. 더 나아가 "이 사람 일도 정말 잘해. 너한테도 소개해 줄까?"라고 말할 수도 있다. 이 정도면 선물 자체가 하나의 영업이 된다.

그래서 나는 수박 하나를 선물하더라도 기왕이면 아주 큰 걸 한다. 보통 수박은 여러 사람이 함께 먹는 경우가 많다. 그럴 때 일반적인 수박보다 큰 수박이라면 고객의 주변 사람은 자연스럽게 "와~ 이거 왜 이렇게 커? 어디서 산 거야?"라고 물어볼 수도 있다. 여기서 또 한 번 자연스럽게 나의 영업이 된다. 선물 하나를 할 때도 이렇게 자랑할 만하고, 누구나 감탄할 만한 것을 한다면, 선물은 영업적인 기능도 특별하게 해낼 수 있다.

# 가족 같은 고객을 만드는
# 비법 중의 비법

"신뢰는 눈에 보이지 않지만, 모든 것의 무게를 지탱하는 기둥과 같다."
**스티븐 코비** 리더십 전문가

영업인이 가질 수 있는 최고의 고객은 바로 '가족 같은 고객'이 아닐까. 나를 가족처럼 생각해주고 신뢰하고 의지해준다면 그분과의 거래는 평생토록 이어질 것이기 때문이다. 꼭 거래가 목적이 아니더라도, 사람과 사람이 서로 믿고 도움을 주고받을 수 있다면 아마도 이 일을 통해서 얻을 수 있는 최고의 보람일 것이다. 그런데 나는 실제로 이런 경험을 해 보았고, 그 비법을 확실하게 깨달았다. '비법'이라고 칭했다고 해서 어렵고 복잡한 일이라고 예상할 필요는 없다. 사실은 너무도 상식적이기 때문이다.

## 계약이 아닌, 누군가의 즐거움을 위한 일

그 일의 시작은 지쳐버린 심신을 위해 무엇을 할까 고민하던 차에 일어났다. 매주 3건씩의 상품 계약을 꾸준히 하고 있을 때였다. 물론 다른 사람들 눈에는 내가 승승장구하는 것처럼 보일 수도 있었겠지만, 정작 나 자신은 조금 지쳐있었다. 내가 너무 계약만 좇는 사람 같고, 마치 '계약하는 기계'가 된 것 같은 느낌이 들었다. 뭔가 새로운 계기가 필요했고, 이제까지와는 다른 삶의 쉼표가 있어야만 했다. 더구나 연말이 점점 다가오는 시간이어서, 한 해를 마무리하는 차원에서라도 의미 있는 시간을 가졌으면 했다. 그러던 중 이런 생각이 떠올랐다. '한 번쯤은 계약을 위한 일이 아닌, 그냥 사람들에게 즐거움을 주는 일을 해 보는 건 어떨까?'

12월 23, 24, 25일은 크리스마스 기간이었으니, 누군가에게 즐거움을 주면 더 뜻깊은 나날들일 것 같았다. 그래서 3일 동안 산타클로스 복장을 하고 50여 명의 고객들을 찾아뵙고 선물을 주기로 했다. 특히 산타클로스는 미취학 아동이나 초등학교 저학년 아이들이 특히 좋아하니까, 그런 나이대의 자녀가 있는 고객들도 여러 명 포함했다. 그날은 아예 업무 가방도 들고 다니지 않았다. 누군가가 혹시라도 계약 이야기를 꺼낸다면, 가방이 없다는 핑계로 아예 계약을 하지 않을 심산이었기 때문이다.

그런데 산타복으로 운전하며 돌아다니다 보니 생각보다 부끄러웠고, 옷을 매번 갈아입는 것도 힘들고 귀찮았다. 더구나 산타 복장으로 아이들과 사진을 찍다 보니 거의 대부분 상의만 나오고 하의는 나오지 않았다.

리더의 도미노

그래서 하의를 편하게 입고 상의만 입은 채 운전하며 고객을 찾아다녔다. 정말로 내 예상대로 아이들은 무척 좋아했고, 부모님들도 행복해하셨다.

그렇게 나름의 이벤트가 끝나고 연초가 지났을 즈음, 그때 방문했던 한 부부 고객님으로부터 연락이 왔다. 내가 직접 계약한 고객은 아니었고, 누군가 퇴사하면서 이관해준 고객이었다. 갑자기 식사 대접을 할 테니 집으로 올 수 있냐는 말을 했다. 막상 집으로 찾아가니 소고기를 풍성하게 대접해주셨고, 알고 보니 소고기 유통업을 하고 계신 분이었다.

## 감동적인 고객의 한마디

나를 집으로 초대한 사연을 들어보니 지난 연말에 했던 나의 산타클로스 선물 증정 이벤트 때문이었다. 그때 산타 복장으로 고객의 초등학교 자녀와 사진을 찍고 선물을 주었는데, 마침 그 일에 대해서 자기 친구와 약간 다툼이 있었다고 했다. 고객의 아이는 "정말 산타가 와서 선물을 줬다."고 주장했고, 아이의 친구는 "산타가 어딨냐!"라고 면박을 주었던 모양이었다. 결국 아이는 나와 찍은 사진을 친구에게 보여주니 그 친구는 속상해했다고 한다. 이 일을 계기로 어머니들끼리는 기싸움 아닌 기싸움을 했고 고객이 승리한 기분이 들었다고 한다. 결국 나의 고객은 당시의 일을 통해 아이에게 좋은 추억을 남겨주어서 너무 고맙다고 식사를 대접

했던 것이다.

그 후에 고객이 아이를 위한 저축 상품을 추천해달라고 해서 몇 번 방문을 했다. 생활은 매우 검소한 것처럼 보였는데, 월 소득이 상당한 가정이었다. 포트폴리오를 짜드리고, 결과적으로 고액의 월납 보험료를 납입하는 상품을 가입하셨다. 그 이후에도 여러 건의 계약을 하고 15년이 지난 지금도 잘 유지하고 있다. 그리고 당시 산타 사진을 나와 함께 찍었던 아이는 이제 군대에 갈 나이가 되어 나보다 더 키가 커져 있었다.

한번은 그분들에게 너무 고마운 나머지 "어떻게 이렇게 큰 계약을 저와 해주셨냐?"라고 물어본 적이 있었다. 나는 아마도 그때의 산타클로스 사건이 그래도 약간은 관련이 있지 않을까 생각을 하긴 했었다. 하지만 정작 되돌아온 것은 나의 '인사 습관' 때문이라고 했다. 그 부부는 노모를 모시고 있었는데, 나는 그 집을 찾아갈 때마다 가장 먼저 노모에게 먼저 인사했고, 떠날 때에도 가장 먼저 노모에게 안녕히 계시라고 인사를 드렸다. 사실 나에게는 특별한 행동은 아니었다. 늘 부모님으로부터 누군가의 집을 가게 되면 제일 어르신에게 가장 먼저 인사드리라는 말을 들었고, 나는 그것을 지켰을 뿐이다. 하지만 매번 그렇게 자신의 노모에게 인사를 드렸던 그 모습에서 부부는 크게 감동을 받았고 신뢰할 수 있게 되었다고 한다. 그런데 그렇게 이야기하던 중 시간이 좀 늦어서 밤 10시가 넘어가게 되었다. 그때 남편분이 아내에게 이렇게 말했다.

"아유, 너무 늦었네. 우리 가족 같은 안현진 씨, 빨리 보내드려야죠."

그 말을 듣는 순간, 나는 무척 감동하지 않을 수 없었다. 나를 정말로 가족처럼 생각하는 고객이 생기다니. 내가 한 것은 그저 산타 복장에 사진 찍고, 노모에게 인사드린 것뿐이었는데 말이다. 하지만 그분들은 이런 사소한 행동들을 오히려 '가족끼리 할 수 있는 행동'이라고 여기지 않았을까.

'만약 내 아버지였다면 어땠을까?'

또 하나의 사건이 있다. 어느 날 결혼하지 않은 공무원 여성 고객으로부터 한 통의 전화가 걸려왔다. 너무 오랜만이라 반갑게 전화를 받았더니, 다급한 목소리로 "아버님이 숨을 쉬지 않으시는 것 같아요. 어떻게 하면 되죠?"라고 말하는 것이 아닌가. 당시 그녀의 아버지가 루게릭을 앓고 있었다는 사실은 익히 알고 있었다. 아마도 나의 소방관 경력을 알고 계셨기에 나에게 전화를 한 게 아닌가 생각이 들었다. 나는 차분하게 경동맥과 기도 부분을 다시 한번 확인할 수 있도록 유도했고, 119에 신고를 해드리겠다고 하고 일단 전화를 끊었다. 그렇게 한 시간 정도 있다 통화를 해 보니 끝내 사망하셨다는 소식을 전했다.

물론 이런 상황에서 설계사가 할 수 있는 일은 그리 많지 않다고 볼 수도 있다. 그저 나중에 조문만 해도 충분하다고 여길 수 있기 때문이다. 그런데 그때 머리를 스치는 생각은 그 고객이 그토록 다급한 순간에 다른 사람도 아닌, 제일 먼저 나에게 전화했다는 사실이었다. 결혼을 하지 않았기에 당연히 남편은 없었고, 그런 상황에서 주변에 믿을 만한 사람이 없었기 때문이라는 생각이 들었다. 거기다가 전화기에서 들리는 그녀의 목소리는 너무도 경황이 없었고, 집에는 역시 나이 드신 어머님만 계셨다. 결국 내가 나서지 않으면 안 되겠다는 생각이 들었다.

그런데 문제가 있었다. 그날은 마침 명절이어서 고속도로가 꽉 막힌 상황이었고, 나는 태안에서 서울로 가는 고속도로에 갇혀 있었다. 이대로라면 고객이 있는 수원까지는 4시간 이상이 걸릴 상황이었다. 만약 갓길로 가게 되면 신호를 위반하는 일이고 벌금을 내야 하는 것은 물론, 다른 운전자들에게 큰 민폐를 끼치는 일이 아닐 수 없다. 하지만 그럼에도 불구하고 아버님의 죽음으로 망연자실해 있는 고객과 아무것도 하지 못하는 노모를 위해서는 내가 무엇인가를 선택해야만 한다고 생각했다. 누군가를 직접 다치게 하는 일은 아니니, 일단 갓길로라도 달려야겠다는 생각이 들었다.

달리는 차 안에서 고객을 위한 각종 조치를 취했다. 회사와 연결되어 있는 상조회사에 연락해 필요한 물품을 준비하게 했고, 장례식장과 가게

약을 했고 고인을 그쪽으로 안치했다. 1시간 반만에 도착한 병원에서 사망 확인까지 하고, 거기다가 지점장님 이름으로 화환까지 보냈다. 모든 준비를 마치니 그제야 친척분들이 한 명, 두 명 오기 시작했다.

그렇게 모든 일이 끝나자 밤 10시 정도가 되었다. 점심 식사 시간 직후에 전화를 받았으니 거의 10시간을 그 일에 매달려 있었던 셈이다. 그제야 배에서 꼬르륵 소리가 나서 겨우 삼각김밥에 라면 하나를 먹었다. 몸은 지치고 힘들었고, 정말로 바쁜 하루였지만 너무나도 뿌듯한 생각이 들었다. 그리고 마지막에 그녀의 어머님이 남기신 말이 가슴을 두드렸다.
"저희가 평생 갚아야 할 은혜를 입었네요."

나는 마땅히 해야 할 일을 했을 뿐이었지만, 그렇다고 누구나 고객을 위해서 그렇게까지 하지는 않는다. 나는 왜 아무런 대가도 없는 일을 무려 10시간이나 하고 있었을까? 어쩌면 과거 소방관 생활을 하면서 뼛속 깊이 각인된 어려운 사람에 대한 봉사 정신일 수도 있었을 것이다. 그러나 그보다 나라는 사람을 믿고 연락을 해준 그 고객의 마음에 대한 보답이지 않았을까. 나는 그저 꼭 해야 된다고 생각해서 했을 뿐이지만, 고객의 어머니는 '평생 갚아야 할 은혜'라고 했으니, 이는 정말 나를 가족처럼 생각했다고밖에 볼 수 없다. 물론 이후의 계약을 염두에 두고 한 일은 아니었지만, 이후 그 고객과는 10건 정도의 계약을 더 할 수 있었다.

가족 같은 고객을 만드는 일은 어렵지 않다. 그냥 아주 단순하게 고객을 정말로 나의 가족이라고 생각하면 된다. 자녀가 산타클로스를 보면 즐거울 수 있겠다는 부모의 마음, 노모에게 인사하는 아들의 마음, 내 아버지가 돌아가셨다는 자녀의 마음이라면, 내가 어떻게 행동해야 하는지는 뻔하다. 그리고 그 대가로 돌아오는 것은 바로 '가족'이라는 마음이다. 최소한 특정한 시점, 반드시 필요한 순간에 그런 가족의 마음을 내가 먼저 가진다면, 고객들도 반드시 '가족 같은 설계사'라고 생각할 것이다.

# 관심이 호감으로,
# 호감이 계약 성사로 이어진다

"다른 사람들에게 진심으로 관심을 가지는 것은 친구를 사귀는 가장 빠른 방법이다."
**데일 카네기** 리더십 전문가

　누군가로부터 긍정적인 관심을 받는 것을 싫어하는 사람은 없다. 거기다가 누군가 나에게 관심을 가지면, 나도 상대방에게 관심을 갖는 일은 인지상정이기도 하다. 이때부터는 관심의 상호작용이 일어나면서 서로의 관계가 좀 더 원활해지고 교류가 활발해질 수 있다. 하지만 관심을 표현하는 데에도 나름의 노하우가 필요하다. 관심이 있다는 이유로 지나치게 사적인 것을 물어보거나 둘 사이의 관계에서 의미 없는 말들을 너무 많이 하면 오히려 거부감이 들 수밖에 없다.

　고객과의 관계에서도 마찬가지다. 긍정적인 관심을 표현하고, 소통할 때 몇 가지를 주의한다면, 훨씬 많은 교류를 할 수 있다. 즉, 관심이 호감이 되고, 호감이 계약의 성사로 이어지는 것이다.

## 회사와 일에 대한 철저한 사전 조사

상대방에게 관심을 표현하는 방법은 많다. 하지만 고객에게 관심을 표현하는 것에는 일정한 한계가 따른다. 그리 친숙하지 않다는 점, 어쩌면 대부분 처음 만나는 사이라는 점 때문이다. 이런 사람에게 관심을 표현하는 가장 좋은 방법은 무엇이 있을까? 옷이나 액세서리, 외모를 칭찬하는 것도 관심의 표현이기는 하지만, 사실 좀 진부한 면이 있다. 으레 영업사원이 하는 얕은 관심의 표현이라고 여길 수도 있기 때문이다.

내가 생각하는 가장 좋은 방법 중 하나는 바로 상대방의 일에 대한 철저한 조사와 그것을 자연스럽게 표현하는 것이다. 예를 들어 상대방이 호텔업계에 근무한다고 해 보자. 그렇다면 사전에 요즘 호텔업계의 동향, 고객이 다니는 호텔의 상황, 이를 둘러싼 고객의 이슈 등을 인터넷으로 검색한다. 이런 부분을 사전에 인지해 두면 고객의 상황을 잘 이해할 수 있고 언제든 대화의 소재로 활용할 수 있다. 이렇게 잘 조사해서 대화를 하면 어떤 고객은 "저보다 저희 업계를 더 잘 아시네요!"라며 웃기도 한다. 이렇게 내가 관심을 표현하면 상대방도 자연스럽게 그에 호응하게 된다.

한번은 연예인을 상담한 적이 있었다. 언제 무슨 작품으로 데뷔했으며, 슬럼프를 언제 겪었는지를 조사했다. 그와 관련된 거의 모든 기사를 검색

해서 읽었기 때문에 대화에 도움이 되는 것은 물론이고 친근감까지 생겨서 예전부터 알고 지내던 사람처럼 느껴져 상담이 더 자연스러워지기도 한다.

야구 선수를 상담했을 때는 고등학교부터 시작해 언제 프로팀에 입단했는지, 연봉은 어느 정도 되는지, 언제 부상을 당했는지도 알 수 있다. 그러면 "○○년도에 부상당하셨을 때 마음이 많이 안 좋으셨겠어요."라고 말하면 확실히 상대방도 나에게 관심을 가지게 된다. 특히 부상 위험이 큰 고객들의 경우, 이러한 사전 조사가 상품을 기획하는 것에도 큰 도움이 된다. 주로 부상 부위가 어디인지, 그리고 그로 인한 피해가 어느 정도인지도 사전에 알 수 있기 때문이다. 거기다가 이런 방법들은 고객과의 만남 초반에 아무런 거부감도 없이 분위기를 편안하게 만들기에도 매우 좋다.

## 지키지 못할 약속은 하지 마라

반대로 상담할 때 절대로 하지 말아야 할 이야기도 있다. 가장 대표적인 것이 정치와 종교 이야기이다. 실제 계약과는 아무런 상관도 없을 뿐만 아니라 오히려 거부감만 불러일으킬 수 있기 때문이다. 고객이 먼저 물어본다면 상관없지만, 이런 이야기를 먼저 꺼내는 경우는 거의 없다.

또 분위기를 자연스럽게 한다는 이유로 쓸데없는 이야기를 꺼내서도 안 된다. 가장 대표적인 것이 사생활에 관한 질문이다. 예를 들어 요즘은 이혼도 많이 하는 시대이기 때문에 배우자나 결혼생활, 자녀에 관한 사적인 이야기를 할 필요는 없다.

지키지 못할 약속을 해서도 안 된다. 예를 들면 "상품 계약 후에는 한 달에 한 번씩은 꼭 찾아뵙겠습니다."와 같은 말이다. 자신의 고객이 10명, 20명에 불과하다면 지킬 수 있는 약속일지 모르겠지만, 200명, 300명으로 늘어나면 도저히 지킬 수 없는 약속이 되고 만다. 그래서 나 같은 경우는 대체로 다음과 같이 이야기한다.

"제가 다른 건 몰라도 꼭 약속드릴 수 있는 건 두 가지입니다. 첫 번째는 혹시라도 사고가 나시거나 질병에 걸려서 보험금을 받을 일이 있다면 그때는 제가 다른 일을 제쳐두고서라도 무조건 찾아뵙겠습니다. 두 번째는 퇴직이나 실직 등으로 변동이 있을 때(혹은 자영업을 하는 고객이라면 '폐업 등으로 변동이 있을 때') 저에게 연락해 주시면 그때 역시 바로 찾아뵙겠습니다."

고객들 역시 허황된 약속을 하는 설계사보다 자신이 반드시 지킬 수 있는 약속만 하는 설계사를 더욱 믿음직스러워한다.

리더의 도미노

또 나의 경우에는 자주 찾아뵙지 못하는 것을 대신해서 소식지와 아주 간단한 선물을 통해 나의 상황을 알리고 고객에게 잊히지 않도록 하곤 한다. 한두 달에 한 번 정도 만드는 소식지에는 나의 활동이나 업계의 트렌드를 가볍게 알려드리고 커피 티백이나 꽃 씨앗을 드리기도 한다. 요즘에는 카카오톡 이모티콘을 선물해서 그것을 사용할 때마다 나를 떠올릴 수 있도록 한다.

누군가에 관한 관심은 새로운 지식과 경험의 출발선이다. 상대방을 잘 이해할 수 있고, 더 빠르게 경험할 수 있는 지름길이 되는 것이다. 그리고 이러한 지식과 경험의 축적은 다른 고객들과의 만남에서도 상당한 도움이 된다. 언제나 고객의 편에서, 고객의 상황에서 생각해야 오랜 시간 고객과 함께할 수 있게 된다.

## 오성급(5star) 체크포인트

★ 고객에 대해 철저하게 조사하면 대화할 수 있는 소재가 많이 생긴다.
★ 이러한 관심 표명이야말로 거부감 없이 릴렉스 할 수 있는 방법이다.
★ 다만 정치, 종교 등 개인의 신념에 관한 이야기, 사적인 이야기는 꺼내서는 안 된다.
★ 지키지 못할 약속을 하면 오히려 신뢰를 잃는다는 점을 기억해야 한다.
★ 나의 행동으로 신뢰를 보여주는 방법이 가장 확실하게 또 기억에 오래 남는다.

내 나이 40대 초반이라, 아직 거창하게 인생을 논할 때는 아닐 수 있다. 그러나 최소한 영업을 하면서 느꼈던 나름의 메시지들은 도움이 될 수 있을 것이다. 더구나 영업의 세계는, 철저하게 자기가 자신을 주도해야만 하는 삶을 살아야 한다. 단순히 월급 받는 직장인이 아니기 때문에 자기 관리에 철저해야 하며, 인간 관계 속에서 의미를 찾고, 지치지 않고 관계를 만들어 가야 한다. 거기다 인간관계가 많다 보면 마음의 상처를 입을 때도 있으니, 이럴 때 어떻게 마음을 써야 하는지에 대한 조언을 듣는 것도 나쁘지 않다고 본다. 또 하나 중요한 것은 바로 잘나갈 때의 마음가짐이다. 영업이 안 될 때는 열심히 하려는 마음이 온통 지배하지만, 잘나간다 싶으면 오만이 찾아오면서 더 큰 실수를 하게 될 수도 있기 때문이다.

# 익숙한 사고에서
# 벗어나면
# 주도하는 인생을 살 수 있다

마음의 도미노가 바뀌면,
더 이상 끌려가지 않는다

# 결국 나를 끌어내리는
# 사람은 나다

"경쟁에서 이기는 비결은 자신과의 싸움에서 이기는 것이다."
**헨리포드** 경영자

　누구에게나 '흑역사'는 있다. 잘나가는 사람도 분명 크게 실패했던 과거가 있고, 늘 정확한 판단을 하는 것처럼 보이는 사람도 잘못 판단을 내린 일이 있을 것이다. 나 역시도 마찬가지다. 어느 날 회사로부터 '영업정지'를 받았고, 이를 계기로 사업을 하게 됐다. 초반부에는 무척 성공적이었지만, 결국 빚만 남기고 적지 않은 시간 동안 고통스러운 나날을 보내야 했다. 이러한 흑역사를 되돌아보면서 내가 얻은 가장 큰 교훈은 오만해져서는 안 된다는 점이다. 나는 입사한 첫 달부터 신입 중에 최고의 실적을 남기고 이후에도 회사에서 여러 가지 기록들을 세우면서 승승장구했다. 거기다 시간을 아끼기 위해 개인비서와 운전기사까지 두고 있다 보니 나도 모르게 우쭐해졌고 세상을 쉽게 바라봤다. 이런 오만한 상태에서 하게 되는 판단은 대부분 실패라는 결과를 낳게 마련이다.

## 회사에 대한 실망과 창업

누구라도 오만해지는 것이 좋지 않다고 인정할 것이다. 그런데 문제는 정작 자신이 오만해졌을 때 그 상태를 깨닫기가 쉽지 않다는 점이다. 감정에 휩싸인 채 판단하고, 급격한 들뜸과 가라앉음의 상태에서 내리는 결정은 많은 상처를 남기게 된다.

메트라이프에는 '쉐어링 제도'라는 것이 있다. 설계사 2명이 함께 가서 청약을 하면 성과도 반반씩 나누는 제도이다. 어느 날 계약이 있어 동료와 함께 가야 했는데, 마침 그날이 나의 결혼기념일이었다. 그러자 동료는 "걱정 말고 나 혼자 다녀오겠다."고 했고, 나도 신뢰하던 사람이었기에 그러자고 했다. 그런데 나중에 알고 보니 그 동료가 계약 당사자를 대면하지 않고 계약하는 행위, 즉 불완전 판매를 했던 것이다. 회사에서는 이런 일을 막기 위해 자체적으로 모니터링하는데, 그만 그때의 계약이 딱 걸려 버리고 말았다.

나는 그 자리에 없었지만, 내가 대표 설계사로 진행한 것이 되었기에 책임을 지는 것은 당연한 일이기도 했다. 다만 보험료가 5만 원도 채 되지 않는 작은 계약으로 큰 문제가 있겠냐 싶었다. 거기다 당시 회사의 영업사원들을 대표하는 모임의 부회장을 할 정도로 나름 공헌하고 있다고 생각했다. 그러니 회사에서도 적당히 경고 정도를 하고 끝나지 않을까 예상했다. 하지만 생각보다 회사의 처분은 강경했다. 영업정지 1개월, 품위유지비 3개월, 대표FSR 자격 정지 6개월 처분을 받으니, 결국 손해액이 어마어마했다.

직접적으로 입은 금전적인 손해도 손해였지만, '회사가 나를 지켜주지 않는다.'라는 생각에 크게 충격을 받고 무척 서운했다. 연이어 '이런 회사에 내 미래를 맡길 수는 없다.'는 생각에 결국 사업을 통해 내 힘으로 인생의 플랜B를 마련해야겠다는 결심까지 하게 됐다. 다만 힘들게 쌓아온 설계사의 자격까지 박탈할 필요는 없으니, 일단 자격은 유지한 채 사업을 시작했다.

## 누구나 오만해질 수 있다

처음 도전했던 분야는 공간임대업이었다. 지금도 운영되고 있는 서초동의 "3rd SPACE"라는 복합 여가 공간이다. 초기에는 '정말 내가 차린 회사가 이렇게 트렌디해져도 되나?'라고 싶을 정도도 호황이었다. 이름만 들어도 알 만한 회사들이 우리 회사의 서비스를 이용했고, 그곳에서 정말로 유명한 사람들도 많이 만났다. 사업에 대한 자신감이 붙어서 스타트업으로 확장했고, 캡슐커피 머신 수입업도 했다. 그런데 정부의 여러 정책이 바뀌기도 하고, 개인적으로 사기를 당해서 결국 모든 사업은 물거품이 되고, 수중에 남은 거라곤 빚뿐이었다. 결국 업종이 다른 회사에 취직을 하려는 생각도 해 봤지만, 그 역시 사정이 있어서 결국 다시 메트라이프로 컴백할 수밖에 없었다.

한 순간의 사업 번창과 연이은 실패를 맛본 나는 왜 내가 그런 판단을 했는지, 그리고 무엇이 문제였는지를 곰곰이 되돌아보는 시간을 가졌다. 문제는 오만이었다. 결국 불완전 판매를 책임져야 할 사람도 나였고, 회사는 그저 원칙대로 처리했을 뿐이었다. 하지만 오만해졌던 나는 그 상황을 있는 그대로 받아들이지 못했고, 결국 잘못된 판단을 했던 것이다.

그런데 이렇게 오만을 경계하는 일은 참 쉬운 일이 아니다. 정작 자신이 오만해지는 순간을 스스로 깨닫지 못하기 때문이다. 나 역시 창업을 했을 때나 연이은 실패를 했을 때 나를 지배했던 것이 오만이었음을 당시에는 전혀 알아차릴 수 없었다.

보통 인생에서 일정하게 성공을 경험한 사람은 자신의 의사결정에 지나친 자신감을 갖게 된다. 한마디로 객관적이 아닌, 자기중심적으로 모든 것을 판단하게 된다. 일단 인식과 판단의 체계가 이렇게 변해버리기 때문에 자신의 오만을 스스로 깨닫기 어려워진다. 그래서 '살면서 오만해지면 안 된다.'라는 사실을 누구나 머리로는 알고 있지만, 어느 순간 자신도 모르게 그렇게 된다.

하지만 아무리 마음의 작동 방식이 이러하더라도, 우리는 여기에서 벗어날 수 있어야 한다. 꽤 효과적인 방법이 하나 있는데, 바로 아시아 최고 부자로 알려져 있는 리자청 회장의 방법이다. 홍콩 최대의 기업인 청쿵그룹의 회장인 그는 15살 때부터 시계방의 청소부로 일하면서 차근차근 사업을 해왔다. 그런 과정을 거쳐 이제는 건설사, 통신사, 물류, 식품소매업까지 하면서 거대한 부를 일궜다. 그런데 그가 가장 경계하는 것이 바로 '오만과 나태'이며 이를 극복하기 위해 '자부지수自負指數'를 만들었다. 그는 늘 자문자답하면서 자신의 상태를 파악했는데, 그 네 가지는 다음과 같다.

- 오만해진 것은 아닌가?
- 타인의 지적을 들으려 하지 않는가?
- 내 언행의 영향을 따지지 않는가?
- 예상되는 문제와 해법을 미리 세워놓고 토의를 하는가?

## 전쟁의 신, 나폴레옹의 최후

그가 경계하는 4가지 중 첫 번째가 '오만'에 관한 내용이라서 매우 인상 깊었다. 아시아 최고의 부자라는 사람도 끝없이 자신의 오만을 경계한다는 의미이기 때문이다. 달리 말하면, 오만은 언제든 부지불식간에 찾아올 수 있으며, 한번 찾아오면 치명적이라는 이야기이기도 할 것이다.

늘 이렇게 자신의 오만을 경계했기 때문일까? 리자청 회장은 항상 직원들 한 명 한 명을 배려하고 보살폈으며, 언제든 고급식당이 아닌 회사 구내 식당에서 직급에 상관없이 직원들과 소탈하게 대화하며 밥을 먹었다고 한다. 또 그는 지금도 10년이 지난 양복, 3만 원 정도 하는 싸구려 시계를 차고 있다고 한다. 어쩌면 이러한 옷과 시계는 '늘 오만하지 마라.'라고 경고해주는 자신만의 상징물일지도 모른다.

슬픈 일이든, 행복한 일이든, 모든 과거의 경험은 교훈을 남긴다. 나 역시 인생을 통해서 얻은 많은 교훈들을 간직하며 살아가지만, 역시 으뜸은 '오만해지지 말자.'는 것이다. 그리고 이를 해내기 위해서는 늘 자신을 되돌아보고 반성하는 방법밖에는 없다.

나폴레옹은 '전쟁의 신'으로 불렸다. 인류의 역사상 그만큼 전쟁을 탁월하게 해낸 인물도 없다고 한다. 하지만 그런 그도 결국 전쟁을 하다가 최후를 맞았다. 자신이 잘하는 것, 자신이 확신하고 믿고 있는 것이 결국

에는 자신을 배신할 수 있다는 사실을 늘 염두에 두어야만 하며, 결국 나

자신을 끌어내리는 사람은 나일 뿐이라는 사실을 잊어서는 안 된다.

## 오성급(5star) 체크포인트

★ 오만은 자신도 모르게 찾아온다. 따라서 그 순간을 깨닫기는 무척 힘들다.

★ 오만한 상태에서 내리는 판단은 자기중심적이기 때문에 그릇될 가능성이 크다.

★ 리자청 회장은 자신을 되돌아보는 리스트를 통해 늘 오만을 경계해왔다.

★ 내가 잘하는 것, 내가 확신하는 것은 늘 의심해보는 일이 필요하다.

★ 나를 가로막는 최대의 적은 나일 수도 있다는 사실을 잊지 말자.

리더의 도미노

# 감동적인 삶을 이끄는
# 진인사대천명의 정신

**"당신이 할 수 있는 최선을 다하라. 나머지는 운명이 결정한다."**
**존 우든** 농구감독

한자를 많이 알지는 못하지만, 눈을 감고도 쓸 수 있는 한자가 있다. 바로 진인사대천명盡人事待天命이라는 말이다. 이제까지 대략 1만 번도 더 쓰면서 이 문구의 의미를 깊이 되뇌어왔다. 아마도 내 이름보다 더 많이 썼을 것이다. 앞으로도 나의 이 좌우명은 바뀌지 않으리라고 본다. 그만큼 내 삶에 큰 영향을 미쳐왔고, 앞으로도 그럴 것이라 생각하기 때문이다. 무엇보다 이 말은 사람을 감동의 순간으로 이끄는 마술적인 힘을 가지고 있다. 자신의 하루하루에 감동을 느끼는 것만큼이나 아름답고 행복한 일이 있을까? 쉽지 않은 일임이 틀림없지만, 진인사대천명은 우리를 삶의 새로운 차원으로 인도해준다.

## 예상치 못한 행운과 불운

인간이 할 수 있는 최선의 것을 다하고 하늘의 명령을 기다린다는 의미의 진인사대천명. 이 말은 대략 700~800년 전에 처음으로 쓰였다고 한다. 이는 곧 진인사대천명이라는 말이 가진 그 오랜 힘을 단적으로 보여준다. 800년에 가까운 세월 동안 수많은 사람들에 의해서 쓰이고, 전해지면서, 그 생명력을 보존해왔기 때문이다.

삼성그룹의 고故 이건희 회장은 초일류기업 삼성을 이끌면서 죽음을 각오할 정도로 열심히 싸우고, 하늘의 명령을 기다린다는 '사즉생대천명 死卽生待天命'이라는 말을 임원들 앞에서 했다고 전해진다. 그 어떤 것이든, 모든 힘을 쏟아 최선을 다하고 나머지는 하늘의 명령이나 운명에 맡긴다는 본질은 다르지 않다.

내가 이 말에 깊이 매료된 것은 내 마음대로 세상일이 돌아가지 않는다는 것을 크게 느낀 두 가지 사건 때문이다.

첫 번째는 신입 1년 차일 때 분기 시상식 건수 부문에서 1등을 한 일이었다. 처음에는 1등은 아니고 2등이었다. 그래서 챔피언이 되지 못해 무척 아쉬워했는데, 당시 1등을 했던 분이 불공정 영업행위로 해촉되면서 2

리더의 도미노

등인 나에게 챔피언의 영광이 돌아왔다. 다소 얼떨떨했지만, 그래도 노력에 대한 보상을 받게 되어 기쁘다는 생각을 했다. '나에게 이런 행운도 있구나.'라고 느끼는 계기가 됐다. 좋은 의미에서의 '세상일은 내 마음대로 되지 않는다.'를 경험했던 일이었다.

두 번째는 2014년 9월, 다시 한번 1등을 하기 위해서 정말 열심히 했던 때였다. 평상시 기준의 5배에 가까운 실적을 올렸기 때문에 충분히 1등을 할 수 있겠다는 기대도 할 수 있었다. 그런데 나보다 근소하게 앞선 한 선배님에게 1등을 내주게 되었다. 이때는 부정적인 의미에서 '세상일은 내 마음대로 되지 않는다.'를 경험했다.

예상치 못했던 행운과 충분히 자신했던 일에서의 불운. 이 두 가지 상반되는 일을 경험하면서 '내가 잘한다고 꼭 잘되는 것은 아니다.'라는 교훈을 얻게 됐다. 결국 인생의 상당 부분은 하늘의 명령, 혹은 하늘의 뜻에 달려 있다고 생각할 수밖에 없었다.

## 나 자신에 대한 감동

영업을 하는 사람들은 그 누구보다 계획을 많이 세우는 사람들이다. 주어진 상황에서 임기응변하는 일도 적지 않지만, 평소에 누구를 만나고,

어떤 상품을 권하고, 어떤 관계로 만들어나갈까를 끊임없이 계획하고 고민하게 된다. 하지만 계획했던 모든 일들이 뜻대로 되지 않는다는 사실을 누구보다 많이 경험하기도 한다. 마치 과거의 나처럼 어떨 때는 불운이, 또 어떨 때는 행운이 찾아오기도 한다. 이런 상황에서 필요한 일이 바로 진인사대천명의 교훈이다.

이 말에서 중요한 대목은 '대천명'이 아닌, '진인사'이다. 사람으로 할 수 있는 것의 최대치를 해내는 것이 중요하다는 점이다. 진인사를 해내지 않았으면서 대천명을 한다는 것은 매우 부끄러운 일이 아닐 수 없다. 아마 하늘도 그런 사람에게는 당연히 불운을 내려주지 않을까.

그런데 진인사의 과정은 결과에 상관없이 하나의 큰 선물을 주는 계기가 된다. 바로 '매일매일 최선을 다한 나 자신에 대한 감동'이다. 영화를 볼 때도 그렇지 않던가. 열악한 환경에서도 놀라운 의지로 고군분투하는 사람들의 모습에서 우리는 진한 감동을 느끼고 희망도 가지게 된다. 결과에 상관없이 우리는 '진인사'의 모습에서 큰 감동을 하게 된다. 이러한 감동은 바로 나 자신에게도 똑같이 적용된다. 매일 아침에 "오늘도 진인사 대천명 하자."라고 나 자신에게 다짐하고 혼신의 힘으로 살아가면, 퇴근 시간 집으로 돌아가는 발걸음이 흥겹고, 자신에 대한 감동적인 생각이 들곤 한다.

심리학에서는 이것을 '절정 경험Peak Experience'이라고 말한다. 감격, 환희, 황홀감 같은 것이다. 사람이 이런 경험을 하게 되면 자신이 가진 문제점에 대해 덜 사로잡히게 되고, 겸손해지고 행복감을 느낀다고 한다. 또자기 비하를 멈추게 하는 힘도 있었다고 한다. 결국 매일 진인사의 힘으로 살아갈 때, 우리는 누구보다 보람찬 삶을 이어나갈 수 있게 된다.

## 내 잘못에 대한 부담감에서의 탈출

그런데 진인사대천명은 하늘의 명령을 기다리는 일이 그 끝이 아니다. 그 명령을 온전히 받아들여만 진짜 진인사대천명이 완성된다.

안타깝게 2등을 하고서 '내가 마지막까지 할 수 있는 최선은 무엇일까?'를 생각했더니, 나보다 더 많은 성과를 달성한 그 선배님에게 축하 전화를 하는 일이었다. 그분은 "네 덕분에 나도 많이 자극이 됐고, 그래서 내가 목표를 달성한 것 같다."라고 말씀해주셨다. 그 선배님의 말이 주변에서 해주는 100번의 위로보다 더 큰 힘이 되었다. 그 축하 전화 덕분인지, 그 선배님과는 여전히 친하게 잘 지내고 있으며, 내가 전주 지점장으로 발령받았을 때는 창원에서 한걸음에 달려오시기도 했다. 또 지점원들을 위한 강의까지 해주셨다. 돌이켜보면 그때 결과에 승복하고, 마지막까지 내가할 수 있는 일을 했던 것이 몇 배가 되어 나에게 돌아온 느낌이다.

결국 진인사대천명의 마무리는 하늘의 명령을 받아들이고 '그래도 멋지게 최선을 다해왔잖아!'라는 마음으로 살아가는 일이다.

우리는 보통 감동이 '외부에서' 온다고 생각한다. 특정한 장소에 가서 대자연을 보았을 때나 앞에서 말했던 것처럼 영화 속에서 타인의 삶을 보면서 감동이 생긴다고 말한다. 하지만 감동은 '오는 것'이 아니라 '찾아내는 것'이다. 그리고 가장 빠른 길은 다름 아닌 '진인사'라고 생각한다. 오늘 하루 최선을 다해서 사는 것만으로도 나에게 '감동'이라는 또 하나의 선물을 받을 수 있다니, 이는 우리에게 주어진 삶의 축복이 아닐까.

### 오성급(5star) 체크포인트

★ 내가 원하지 않아도 행운이 찾아올 수 있고, 기대하지 않았던 불운도 찾아올 수 있다.

★ 결국 '사람으로 할 수 있는 최선의 일'을 한 후, 결과를 받아들일 수밖에 없다.

★ '진인사'를 하게 되면 자신에게 감동하게 되는 '절정 경험'을 할 수 있다.

★ 최후에는 '하늘의 명'을 온전히 받아들이고 최선을 다한 멋진 나를 칭찬해주면 된다.

★ 다른 곳에서 감동을 찾지 말고, '진인사' 하는 나의 하루에서 감동을 찾아보자.

리더의 도미노

## 집중력 있는 삶을 위한 희생의 중요성

하루하루 최선을 다하는 진인사를 위해서, 그것을 방해하는 불필요한 일들을 덜어내야 할 필요가 있다. 사람이 가진 에너지는 결국 한계가 있기 때문에 무한정 늘려낼 수 없다. 차라리 불필요한 것들을 덜어내면 오히려 에너지가 늘어나는 효과가 발생한다. 그런 점에서 일을 할 때도 불필요한 일을 덜어내려는 노력이 필요하다.

첫 번째는 집중력을 확보하기 위해 산만함을 덜어내고, 두 번째는 너무 많은 것을 하고 싶어 하는 불필요한 마음을 덜어내는 일이다.

우선 현대인이 하루에 집중하는 시간이 매우 줄었다고 한다. 미국의 한 연구에 따르면, 직장인들의 온전한 평균 집중 시간은 단 3분을 넘지 못한다고 한다. 그런데 이러한 경향은 보험업계에서도 자주 발견된다. 주요 원인은 스마트폰 때문이다. 스마트폰으로 할 수 있는 일들이 너무 많기 때문이기도 하다. 문제는 이러한 집중력의 부족이 충분한 노력을 기울이지 못하게 한다는 점이다. 공부를 하든 사람을 만나든, 절대적인 노력의 시간을 투여해야 하지만 스마트폰이 그것을 방해한다.

물론 일부 사람들의 항변도 이해는 간다. '당장 만날 사람이 없는데, 밖에서 길거리를 헤맬 수는 없지 않느냐.'라는 이야기다. 그러나 지금 당장 만날 사람이 없다는 것이 곧 노력을 하지 말아야 하는 이유가 되지는 않는다. 금융상품을 공부할 수도 있고, 영업에 관한 책을 읽을 수도 있다. 하지만 업무 시간에도 계속해서 각종 앱을 보고, 유튜브를 시청하는 영업사원들을 흔히 보게 된다. 그런데 아이러니하게도, 오히려 성과가 좋은 사람일

수록 더 많은 노력을 하고, 더 강하게 집중하는 모습을 보게 된다. 지점에서 제일 일을 잘하는 영업사원이 더 많은 사람을 만나고, 더 많은 공부를 한다. 그리고 제일 늦게 퇴근하는 모습도 보게 된다.

산만함을 극복하고 집중해야 하는 이유는 그것이 '임계점'과 관련되어 있기 때문이다. 과학적인 의미에서 임계점의 정의는 '어떤 물질의 구조와 성질이 달라지는 순간의 온도와 압력'이다. 만약 여기에 도달하지 않으면 물질의 구조가 바뀌지 않는다. 이는 영업인의 성과에도 마찬가지로 적용된다. 미지근한 노력은 미지근한 성과만 만들어낼 뿐이다. 이렇게 되면 한 순간의 비약적인 상승 없어 늘 그저 그런 상태에 머무를 뿐이다. 그래서 나는 산만함을 덜어내기 위해 영업과 관련이 없는 앱은 다 지우라고 말하고 뉴스를 확인하는 일도 하루에 딱 시간을 정해서 해당 시간에만 하라고 조언한다.

또 하나의 불필요한 일은 '하고 싶은 것이 너무 많은 마음'이다. 비교적 초보 영업사원의 이야기를 들어보면, 그들은 너무도 많은 것을 하고 싶어 한다. 여행도 가야 하고, 저녁 때 친구를 만나 술도 마셔야 하고, 내 취미생활도 해야 하고, 그러면서 일도 잘하고 싶어 한다. 긍정적인 의미에서의 욕심이야 칭찬해줄 수 있겠지만, 사실 온전히 그것을 다 이뤄내는 사람은 별로 없다.

'진인사'는 집중에 의해서 완성되고, 집중의 의미는 결국 또 다른 무엇인가를 희생했다는 의미이기도 하다. 일상의 번잡스러운 여러 관심과 하고 싶은 것을 다 하려는 욕구를 포기할 수 있을 때, 자신의 성과에 더욱 집중할 수 있다.

리더의 도미노

# 한 번도 배신당하지않은것처럼 사람을 사랑하는 법

"배신은 가끔 우리의 가장 큰 스승이 된다.
그로 인해 우리는 사람과 상황을 제대로 볼 수 있는 눈을 갖게 된다."
**앨런 와츠** 종교학자

부작용이 두려워서 아예 시도를 하지 않는 행동 방식을 가진 사람이 있다. 이별의 슬픔이 너무 크니 아예 사랑을 하지 않고, 실패가 너무 두려워 아예 시도하지 않는다. 얻는 것도 없지만, 잃는 것도 없으니 뭐 그럭저럭 괜찮은 행동 방식이 아니겠냐고 생각할 수 있다. 물론 일견 맞을 수도 있다. 하지만 우리가 무엇인가에 도전해서 얻어내는 것은 비록 실패하더라도, 아무것도 하지 않는 것에 비하면 그 유용성이 너무도 크다. 이것이 가장 대표적으로 적용되는 분야가 바로 인간관계이다. 주변 사람을 도와주고 성장시켜주고, 선의를 가지고 대하다 보면 배신을 당할 수도 있다. 하지만 이 배신이 두려워 사랑과 애정을 멈출 수는 없다. 무엇보다 설계사는 관계의 기초 위에서 자신의 삶을 꾸려 나가는 사람들이다. 그러니 우리는 늘 단 한 번도 배신당하지 않은 사람처럼, 관계에 정성을 들이고 이어나가야만 한다.

## 배신을 잘하는 사람이 정말 그렇게 많을까?

살면서 제일 힘든 것이 바로 사람 관계이기도 하다. 영업인은 끊임없이 사람과 만나고, 사람과 일하는 직업이다. 그러나 보니 사람 관계에 대해서 고민을 가진 영업인들도 꽤나 많다. 그럴 때마다 다수의 사람들은 손해를 보지 않기 위해 이기적인 선택을 한다. 대표적인 것이 바로 받는 만큼 주고, 준 만큼 받는 '기브 앤 테이크Give and Take'이며, 상대가 행한 대로 똑같이 하라는 '팃포탯Tit for Tat'이기도 하다. 어떻게 보면 매우 균형적인 시선이고 내가 손해 보지 않는 최고의 방식일 수도 있다. 오죽했으면 이미 수천 년 전에 지어졌다는 함무라비 법전에도 '눈에는 눈, 이에는 이'라는 말이 있겠는가. 결국 지금 관계에 대한 고민은 수천 년 전과 크게 다르지 않다.

개인적인 성향일 수도 있겠지만, 사실 나는 기브 앤 테이크의 방법을 선호하지 않는다. 그보다는 더 많이 베풀고, 더 잘되도록 도움을 주고, 그들이 계속 성장할 수 있도록 환경을 마련해준다. 물론 여기에 대해 어떤 이들은 "그러다가 배신당하면 너무 힘들지 않나?"라는 말을 하곤 한다. 그러나 나는 내가 도와준 사람의 배신에 대해서는 크게 두 가지 생각을 가

리더의 도미노

지고 있다.

첫 번째는 나를 배신하는 사람보다, 배신하지 않는 사람이 훨씬 많다는 점이다. 사실 배신은 워낙 많은 영화나 드라마의 주제이기도 하며, 동서양 고전에도 자주 등장하는 스토리다. 한번 당하게 되면 타격이 매우 크기 때문에 혹여라도 그것이 나에게 찾아올까 걱정하고 두려워한다. 하지만 그저 소박한 하루 일상을 살아가는 우리들에게 늘 배신이 일어나지는 않는다. 평균적인 사람들이라면 욕심이 생기고 문제가 있어도 밥 먹듯이 배신을 하지는 않는다는 점이다. 거기다가 우리가 수백억의 돈을 다루는 사람들도 아니기 때문에, 거대한 욕망에 의해 지배되지도 않는다. 따라서 배신을 두려워해서 타인에 대한 선한 의도를 접을 필요는 전혀 없다.

더구나 경험에 의하면, 내가 누군가를 진심으로 좋아하게 되면, 상대방도 나를 진심으로 좋아하는 것은 매우 자연스러운 일이다. 그렇게 서로 신뢰를 쌓으면 배신은 잘 일어나지 않는다. 또 배신이란, 그 배신을 행하는 사람에게도 매우 강한 심리적인 불안감을 가져다준다. 평범한 사람이 쉽게 배신을 하지 않는 이유도 여기에 있다. 한 개인의 도덕성을 떠나서, 사람은 누구나 자신을 불안하게 만드는 행위를 잘 하려고 하지 않기 때문이다.

## 배신, 그것은 '생기면 생기는 일'

물론 그럼에도 불구하고 배신을 당한다면? 나는 그저 길을 걷다가 돌부리에 걸려 넘어지는 일이라고 생각하고 가능한 한 빨리 잊으려 노력한다. 이렇게 무심한 듯 다시 걸어가는 것이 쉬운 일은 아닐 테지만, 그래도 이것이 가능한 이유는 모든 배신에는 반드시 '이유'가 있기 때문이다.

자신에게 나쁜 일이 생기더라도 이유를 명확하게 이해하면 그나마 '아~ 그랬구나!'라고 생각하면서 보다 쉽게 넘어갈 수 있게 된다. 배신도 마찬가지다. 도대체 왜 자신에게 그런 배신이 생겼는지 이해할 수 없다면 커다란 고뇌와 상처를 남기게 되지만, 반대의 경우라면 그나마 무심하게 걸어가는 것에 도움이 된다.

중요한 사실은, 대체로 배신은 상대방이 가진 개인적인 이유로 자주 발생한다. 욕심이 과도하거나, 정서적으로 불안하거나, 혹은 연구에 의하면 어린 시절의 상처가 배신을 잘하는 성격을 만들기도 한다고 한다. 결국 배신은 내가 잘못해서라기보다 상대가 잘못했기 때문에 생기는 것이라 생각하면, 좀 더 쉽게 넘어갈 수도 있다.

배신은 '생기면 생기는 일'이라고 여기는 것이 훨씬 마음도 편하고, 이제까지 잘해주었던 사람들에게 꾸준하게 잘해줄 수 있는 마음도 유지할 수 있다. 거기다가 본인이 단단하고 잘 준비가 되어 있다면, 배신에 의한 상처가 그리 오래 남지도 않는다. 반면에 주변 사람들을 전적으로 신뢰하고 서로 협력했을 때 자신이 얻게 되는 즐거움과 성과는 배신으로 인한 피해와 후유증에 비교할 바가 아니다.

오히려 내가 살면서 신경 쓰는 일은 내가 배신을 당하느냐가 아니라, 내가 입은 은혜를 어떻게 잊지 않고 가슴에 품고 살아가느냐는 점이다. 어떤 책에서 이런 이야기를 본 적이 있다. '베푼 것은 강물에 흘려보내라. 그러나 받은 은혜는 돌에 새겨라.'

은혜를 기억하는 일은 그저 '아, 저 사람이 나에게 잘해주었지? 그럼 나도 언젠가 갚아야 해.'라는 차원의 이야기가 아니다. 그것은 힘들고 부족했던 나의 과거를 기억하는 일이며, 그런 나를 돌봐주었던 사람들의 정성을 기억하는 일이다. 더 나아가 나 역시 누군가를 도와줄 수 있는 사람이 되고자 하는 다짐이기도 하다.

'안 하는 것보다는 뭐라도 하는 것이 훨씬 낫다.'라는 미국 속담이 있다. 인간관계에서 서로 간의 신뢰를 유지하고 선한 행동을 하는 일이야말로, 여기에 딱 들어맞는다고 생각한다. 이제까지 한 번도 배신당한 적이 없는

사람처럼, 앞으로도 관계를 좋게 유지한다면 분명 '안 하는 것보다 훨씬

나은 결과'를 초래하리라 믿는다.

## 오성급(5star) 체크포인트

★ 배신은 매우 쓰라린 경험일 테지만, 그것이 두려워 주변 사람에 대한 애정을 거둘 수는 없다.

★ 더구나 배신은 대체로 나의 잘못이라기보다는 상대의 잘못 때문이다.

★ 반면, 배신을 두려워하지 않는다면 사람으로부터 얻는 것이 훨씬 더 많다.

★ 언제라도 배신이 생긴다면, '어쩔 수 없는 일'로 치부하면 마음도 가벼워진다.

★ 한 번도 배신당해본 경험이 없는 사람처럼, 애정을 주는 일을 멈추지 말자.

리더의 도미노

# 끌려가는 인생이 아니라
# 내가 이끄는 인생

**"당신이 더 나은 무언가를 할 수 있을 때까지, 지금의 최선을 다하라."**
**마야 안젤루** 작가

직장인이라면, 누구나 한 번쯤 '계획서'를 작성해 본다. 프로젝트 계획서라든가, 월간 계획서, 업무일지 등이 대표적이다. 그런데 정작 중요한 계획서는 바로 '인생 계획서'이다. 수많은 계획서를 써본 사람도 정작 자신의 인생 전체를 놓고 계획서를 작성해보지 않은 사람이 꽤 많다. 이런 계획서가 없는 것은 곧 '되는 대로 살겠다.'는 것과 크게 다를 바가 없다. 하루 계획을 세워놓은 사람과 매 순간 닥치는 일들만 처리해 나가는 사람 사이에는 큰 차이가 있을 수밖에 없다. 목표를 세우고 계획을 하게 되면, 그렇지 않을 때보다 훨씬 더 강한 추진력과 실천력을 가지기 때문이다. 따라서 인생 계획을 세워 놓고 열심히 추구하다 보면 어느 순간 그것이 이루어져 있는 신기한 경험을 하게 된다.

## 계획을 세우는 것 자체가 힘

나는 27살에 처음으로 60세 이후의 인생 계획까지 잡아놓았고, 지금 다시 그 계획서를 들여다보면 시기적으로 1년 정도의 차이가 있을 뿐, 거의 대부분을 이루어냈다. 이것은 내 능력이 뛰어났다기보다는 계획과 목표가 발휘하는 힘이며, 누구에게나 이런 힘이 발휘될 수 있다.

인생 계획서의 첫 장에서 나는 '내 인생의 5가지 목표'를 정했다.

---

### 내 인생의 5가지 목표

**1. 도전하는 삶**
현재에 만족하지 않고 항상 더 높은 곳을 향해 새로운 것에 끊임 없이 도전하고 싶다.

**2. 경제적인 자유**
35세 이전 5억 상당의 아파트 구입과 40세 이전에 은퇴 후 거주할 대지 200평(2억)을 구입하고 싶다.

**3. 행복한 가족 만들기**
가족, 형제들과 행복한 가족을 꾸미고 싶다

**4. 나눔을 실천하는 삶**
주위 많은 분들에게 내가 가진 적은 것이라도 나누면서 살고 싶다.

**5. 즐거운 나의 인생**
내가 하고 싶은 일이나 취미생활을 통해 누구보다 즐겁고 멋진 인생을 살고 싶다.

---

이것을 보면 '누구나 이렇게 살고 싶은 것이 아닌가?'라고 말할 수도 있다. 그러나 이것을 구체적으로 적어서 나의 가슴에 품고 사는 것과 그러

한 목표가 없는 것은 차원이 다르다. 구체적으로 지향하는 바가 있으니 언제라도 내가 이탈해 있다는 사실을 인식하게 되고, 다시 바로잡기가 무척 쉽다. 한마디로 시간이 흘러도 잊히지 않고 동력이 꺼지지 않는다는 이야기다.

더 중요한 것은 인생을 단계별로 나누어 원하는 목표를 설정하는 일이다. 그래서 '행복한 성공을 위한 STEP'을 정했다. 여기에는 이렇게 썼다.

---

### 행복한 성공을 위한 STEP

**1단계(Financial Service Representative, 3년)**
- 2008년 : 연봉1억에 도전/MPC/MDRT 달성
- 2009년 : 결혼/대출과 함께 보금자리 마련/지점 챔피언 도전
- 2010년 : 전문가로의 도약/3년 연속 MDRT 및 COT 달성

**2단계(Field Manager, 5년)**
- 영업일선에서 매니저로 Job Change로 조직관리 / 인적관리의 Know-How 취득과 함께 지점장 수업

**3단계(Agency Manager, 10년)**
- 지점 전체를 경영하는 지점장으로 더 많은 조직을 이끄는 리더로 성장

**4단계(Region Manager, 10년)**
- 본부 전체를 관리하고, 자신이 가진 철학을 전수하는 리더로 성장하여, 많은 분들에게 경제적 자유와 기회 제공

**5단계(봉사 활동, 30년)**
- 현업에서 은퇴 후 소외 받는 많은 분들에게 나눔을 실천하는 봉사

---

위의 내용은 17년 전에 기록된 내용이다. 실제 계획에 나와 있는 대로 1, 2단계는 물론 3단계 지점장의 목표가 이루어졌고, 이제 4단계 본부장의 직급도 달성했다. 사실 내가 생각해봐도 매우 신기한 일이다.

이 인생 계획표에서 중요한 점은 구체적이고 시기가 정해져 있다는 점이다. 많은 설계사들이 일을 시작하면 막연하게는 다 계획을 가지고 있다. '언젠가는 지점장이 될 거야.', '언젠가는 연봉 1억이 될 거야.' 등등이다. 하지만 구체적으로 각 단계를 제시하고, 해당 목표에 걸리는 시간을 쓰지 않는 경우가 대부분이다.

미국 예일대와 하버드대학교에서는 졸업생들을 대상으로 인생 계획을 구체적으로 세운 사람과 그렇지 않은 사람의 차이를 조사해본 적이 있다. 그리고 20년 뒤에 그 사람들을 추적해본 결과, 구체적인 계획이 있던 사람이 훨씬 더 높은 수입을 올리고 있었고, 원래의 계획과 100% 동일하지는 않지만 크게 궤도에서 벗어나지 않는 삶을 살고 있었다. 결국 구체적으로 자신의 인생을 계획한다는 사실 자체가 이미 그것을 이뤄내는 매우 강한 힘이 된다는 점이다.

## 긍정적인 추진력의 중요성

구체적인 인생 계획이 중요한 이유는 바로 '가짜 일'에서 벗어나기 위한 것이기도 하다. '가짜 일'이라는 개념은 미국 매리어트 경영대학원 교수인 브렌트 피터슨Brent Peterson이 30년 넘게 인적자원 개발 분야에서 일하면서 통찰해낸 것이다. 가짜 일이란, '열심히 일한다고는 하지만, 정작 회사의 전략과 목표에는 도움이 되지 않는 일'이다. 예를 들면 의미 없는 회의, 끊임없는 서류작업, 오로지 보이기 위한 업무일지, 갈등이 증폭되는 회식 등등이다. 이것들은 모두 '일'의 범주로 분류되기는 하지만 정작 목표에는 도움이 되지 않기에 '가짜 일'이라고 불린다.

우리도 때로는 인생의 목표를 달성하는 데 있어서 도움이 되지 않는 '가짜 일'에 시달리고 있다. 번잡스러운 만남, 도움이 되지 않는 취미나 게임, 생산성이 향상되지 않는 SNS 활동 등에 많은 에너지를 빼앗기곤 한다. 반대로 인생의 계획이 뚜렷하다면, 계획의 달성에 방해가 되는 일을 늘 염두에 두면서 멀리할 수 있고, 그 결과 힘을 축적하면서 앞으로 나아갈 수 있게 된다.

구체적인 인생의 계획을 세우고 가짜 일에서 벗어난다면, 그다음 중요한 일은 '긍정적인 마인드로 계속해서 추진해 나가는 자세'라고 생각한다. '긍정'의 중요성은 누구나 알고 있겠지만, 그래도 여전히 강조될 수밖에 없다. 긍정성이 만들어내는 가벼운 마음과 낙관적인 정서는 불안에서 벗어나는 안정감을 주게 되고, 계속해서 자신을 희망으로 물들여 나갈 수 있고 역경에서도 얼마든지 강한 힘을 발휘하게 한다.

커피 값 1달러도 없었던 무일푼에서 백만장자가 된 미국의 마크 피셔는 『백만장자처럼 생각하라』라는 책을 썼다. 거기서 그는 이렇게 말한다.

"성공은 운명으로 결정되는 것이 아니다. 성공을 원하고, 성공할 수 있다고 확신하며, 그 꿈을 실천에 옮기는 사람이라면 누구라도 이뤄낼 수 있다."

이제까지 자신의 인생 계획을 짜지 않은 사람이라면, 지금이라도 늦지 않다. 앞으로 펼쳐질 인생 전체를 1년, 3년, 5년 단위로 나누어 목표를 정하고 계획을 짜야 한다. 그리고 긍정적인 마인드로 차근차근 실천해 나간다면, 분명 그 목표와 계획의 힘, 긍정적 추진력의 힘이 살고자 원하는 인생으로 자신을 끌고 갈 수 있을 것이다.

## 오성급(5star) 체크포인트

★ 우리 일상은 계획의 연속이지만, 정작 자신의 인생 전체를 구체적으로 계획해 보지 않은 사람도 많다.

★ 계획은 이미 그 자체로 추진력을 담고 있기에 실현 가능성이 더욱 높아진다.

★ 각각의 시기를 정하고, 1~5년 단위로 구체적인 인생 계획을 만들어보자.

★ 낙관적이고 긍정적인 추진력을 가지고 목표를 추구하다 보면 분명 이루어질 때가 온다.

★ 성공이란 정해진 운명이 아니다. 누군가가 나에게 주는 것도 아니다. 누구나 자신의 힘으로 해낼 수 있으니, 지금이라도 계획을 세우고 추진해보자.

# 인생을 좌우하는 것은
# 행복보다 재미

"성공의 비밀은 좋아하는 일을 하면서 재미를 느끼는 것이다."
**마크 트웨인** 작가

거의 대부분의 사람들이 '행복'을 추구한다고 하지만, 사실 우리가 잊고 있는 가치가 하나 있다. 바로 '재미'이다. 행복이 우리를 감싸는 전반적인 정서와 감정이라면, 그 내부에는 알알이 재미가 박혀있다. 즉, 재미있는 일 없이는 행복이 없고, 무엇인가에 재미를 느끼는 사람이라면 원하지 않아도 행복의 상태에 접어들게 된다. 그런 점에서 재미는 '행복의 선봉대'이자 '행복으로 가는 고속도로'라고 표현해 볼 수 있다.

내가 재미에 눈을 뜬 시기는 대학원 재학 당시, 2010년대에 활발하게 한국 사회에 '재미'의 담론을 퍼뜨린 김정운 교수님에게 여가 경영에 대해 배웠을 때였다. 최근에는 회사의 로열티 프로그램의 일환으로 미국에 있는 메트라이프 본사에서 한 미팅에서 다시 한번 재미에 대해서 깊이 생각

리더의 도미노

할 수 있는 기회가 있었다.

## 600만 불보다 더 큰 가치는?

우리에게 뿌리 깊은 생각 중 하나는 일은 원래 재미가 없다는 인식이다. 아마도 혹독했던 근현대사를 거치면서 성실과 근면 등이 지나치게 강조되었기 때문은 아닐까 싶다. 그래서 뭔가 재미를 찾는 것이 오히려 죄악시되는 경향도 있었다. 그 결과 늘 일과 재미는 분리되어 있었고, 일은 애초에 재미없다는 생각이 형성됐다고 본다.

메트라이프 한국 본사에서는 1년에 약 50여 명 정도를 선발해 미국 본사를 방문할 수 있는 로열티 프로그램을 운영하고 있다. 본부장, 지점장, 부지점장 등 대체로 리더급이 투어도 하고 미팅도 할 수 있는 프로그램으로 구성돼 있다. 나는 2023년 이 프로그램에 참여할 수 있었고, 존 메컬리언John McCallion 메트라이프 글로벌 부회장CFO을 만나서 1시간가량 미팅을 할 수 있는 기회가 있었다.

미팅 전에 들어보니 그분은 연봉이 600만 불(한화 80억 원) 정도라고 했다. 연봉으로 이 정도가 되려면 한국에서는 거의 중견 기업 이상이 되어야 할 것이다. 물론 꼭 그분이 돈이 많아서가 아니라, 그 정도의 성과를 내는 사람의 생각과 인식이 무척 궁금했었다. 그런데 그의 여러 가지 이야기 중에서도 가장 인상 깊었던 말이 바로 '재미'에 관한 것이었다.

"저는 일이 너무 재미있습니다. 만약 재미가 없다면, 당장 내일이라도 그만둘 생각이에요."

나도 그랬지만, 아마 대부분은 '1년에 연봉만 80억 원이라면 아무리 일이 재미없더라도 그냥 해야 하지 않을까?'라고 생각했을 것이다. 하지만 그는 지나가는 말이 아니라 무척이나 확신에 찬 표정으로 그 말을 했으니, 그에게 '재미'는 1년에 80억 원보다 더 크고 소중한 가치가 있다고 보지 않을 수 없었다.

돌이켜 보면 일하는 많은 사람들이 이 재미를 잊고 살아간다. 40~50대가 되면 "사는 재미가 없어. 그냥저냥 사는 거지 뭐."라고 고백하는 사람들이 적지 않다. 온갖 책임감과 의무감에 짓눌려 살아가는 녹록지 않은 현실의 벽 때문이라고 생각된다. 그저 하루하루 마치 수도승처럼 묵묵하고 진지한 표정으로 일을 하고 견뎌내며, 그나마 그에 따른 보상이 있을 때 성취감과 보람을 느끼는 수준이다. 하지만 재미없는 인생을 견디는 것만큼이나 지루하고 따분한 일도 없지 않을까?

## 나만의 재미를 찾아내려는 노력

다만 재미의 기준이란 천차만별이다. 같은 일도 누군가에게는 재미있는 일이 되고, 또 누군가에게는 별 재미없는 일이 될 수도 있다. 그러니 가장 먼저 해야 할 것이 바로 '나만의 재미는 무엇인가?'를 찾는 일이다. 사는 게 재미없다고 말하는 사람들은 대체로 자신이 무엇을 재미있어하는지를 잘 모른다. '내가 재미를 느끼는 게 뭐지?'라고 진지하게 생각해본 경험이 많지 않다는 이야기다. 다만 여기에서의 재미란, 감각적인 쾌락이나 말초적인 즐거움을 의미하지는 않는다. 순수하게 자신을 몰입하게 하고 충만하게 하는 대상이다.

개인적으로 내 인생에서 재미를 주는 요소는 바로 '관계'이다. 사람과 사람 사이에서는 '모든 것'이 만들어진다. 고객과의 관계에서 나의 실적이 만들어지고, 나와 지점장들과의 관계에서 팀의 성장이 만들어지고, 또 각 팀원들과의 관계에서 누군가를 돕고 이끌어주는 즐거운 경험이 만들어진다. 또 가족과의 관계에서도 나는 참으로 많은 재미를 느끼고 있다. 나의 인생 계획 중에는 은퇴 후에 꼭 하고 싶은 일이 적혀 있다. 바로 '소외 계층의 많은 분들에게 나눔을 실천하는 봉사활동'이 그것이다. 봉사를 하지 않아도 은퇴 후 얼마든 자신의 인생을 살아가는 사람들도 많다. 하지만 나는 정말로 봉사를 통해 맺는 '관계'에서도 재미를 느낄 수 있을 것만 같다.

영국의 한 사회학과 교수는 현대 사회를 '재미없는 사회'로 규정했다. 업무의 규칙화와 기계화가 일에서 재미를 빼앗아 가버리고, 일과 재미를 적대적으로 만들었다고 말한다. 조금 상상력을 동원해본다면, 과거 고대인들은 식량을 마련하는 일도 참 재미있을 거란 생각도 든다. 나무 위에 올라가 과일을 따고, 물 속에 들어가 창으로 물고기를 잡고, 동료들과 짐승을 몰아서 잡는 그 과정이 얼마나 짜릿하고 흥분되고 재미있었을까?

물론 현대인은 이런 식의 재미를 추구할 수는 없으니, 이제는 재미없는 삶을 견디려고 하지 말고, 그 안에서 자신만의 재미를 찾아보는 일을 해야만 할 것이다. 그 무엇이든, 자신의 삶이 재미있다고 느껴야만 우리는 비로소 원하는 행복을 얻을 수 있고, 행복과 동행해야 일에서도 성공할 가능성이 높아진다.

### 오성급(5star) 체크포인트

★ 나이가 들면 인생의 재미가 사라지곤 한다. 어떤 때는 그것을 당연히 여기기도 한다.
★ 하지만 재미가 없으면 행복도 없고, 재미가 있으면 자연스럽게 행복해진다.
★ 지금 그저 견디는 삶을 살아가고 있다고 느낀다면, 지금부터라도 적극적으로 재미를 찾아보자.
★ 온전히 몰입할 수 있고, 완전히 충만해질 수 있는 일이 바로 재미다.
★ 이러한 일을 찾아내면, 자신의 감정적인 문제도 상당 부분 해소할 수 있다.

그 어느 업계나 '전설'이라고 불리는 인물이 있게 마련이다. 혹독한 환경을 이겨내 놀라운 성과를 이뤄내고, 자신의 영역을 든든하게 수성하는 사람들이다. 그들이 만들어낸 '철의 법칙'들은 후대에 길이길이 남아 수많은 사람들에게 지혜의 빛이 되어준다. 내가 걸어온 지난 17년의 세월 동안 무수히 많은 사람들의 영향을 받았지만 그중에서도 손에 꼽을 만한 5명의 멘토가 있었다. 때로는 혹독하게 훈련을 받았고, 때로는 너무도 인간적인 대우를 통해 감동받기도 했다. 그 과정에서 사람에 대한 사랑과 존중, 그리고 진정한 인생의 용기와 삶의 자세를 배울 수 있었다. 나 혼자만 알고 느끼기에는 너무도 아깝고 소중한 지혜들이기에 함께 나누어 보고자 한다.

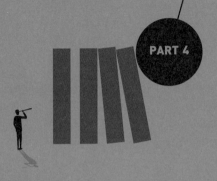

# 수준 높은
# 통찰을 안겨준
# 다섯 멘토의 교훈

지금의 나를 만들어준
소중한 지혜

# 자신의 한계를 알아가는
# 혹독한 훈련이 남기는 것들

"어려움에 직면할 때 그만두지 마라. 지금 시작한 것을 끝내라.
결국 보상을 받을 것이다."
**로버트 H. 슐러** 목사


나의 첫 번째 멘토는 생애 처음으로 재무설계를 해주었던 40대 초반의
황 재무설계사였다. 당시 그는 외국계보험사에서 재무설계사로 일하고
있었으며, 이후 내가 보험업에 입문할 때는 메트라이프의 부지점장으로
일하고 있었다. 그는 혹독한 훈련을 통해 나를 단련시켰고, 당시의 경험
은 내가 초반부터 높은 목표를 잡고 총력을 다해 일할 수 있는 계기가 되
었다. 입사 직후부터 전국 건수 1등의 실적을 쌓게 된 것도 바로 황 부지
점장님의 훈련이 큰 도움이 되었다. 이후 역할이 바뀔 때마다 '처음의 시
기'가 얼마나 중요한지를 기억했고, 그때마다 모든 것을 던져서 내게 맡겨
진 역할을 해낼 수 있었다. 비행기가 가장 맹렬하게 나아가야 할 때가 활
주로에서 막 떠오르는 순간인 것처럼, 초반부의 혹독한 훈련과 그로 인한
폭발적 에너지는 이후의 나를 탄탄하게 만들어주었다.

## 2시간 빨리 출근하고, 2시간 늦게 퇴근

처음 보험을 접할 때 들었던 '재무설계' 개념이 꽤 인상적이었다. 나의 월급, 나의 수명, 그리고 30년 뒤의 미래까지 계획하고 준비하는 '재무설계'가 신선하게 느껴졌다. 사실 20대 중반에 30년 뒤의 미래까지 생각하기는 쉽지 않다. 하지만 황 멘토에게서 그런 이야기를 들으니 매우 흥미로웠다. 거기다가 자신을 '라이프 플래너'라고 소개했다. 그때 '아, 인생에도 장기적인 계획이 꼭 필요하구나.'를 느끼게 됐다.

그런데 지금 되돌아봐도 당시에 그분께서는 매우 혹독하게 트레이닝했다는 생각이 든다. 이러한 훈련은 입사 전부터 시작됐다. 당시 그분은 영업에 관련된 바이블 같은 책을 한 권 권해주면서 10번은 반복해서 읽으라고 했으며, 재무설계사로서 취득해야 할 시험을 입사 전부터 준비시켰다. 그래서 입사 후에 따도 되는 자격증을 입사 전에 취득할 수 있었다. 입사 직후에 신인으로서 한 달 동안 교육을 받았는데, 그때는 거의 수능시험을 공부하는 듯한 생활을 했을 정도다. 잠자고 밥 먹는 시간 빼고는 모두 공부에 올인했다.

보통 다른 신인들은 9시에 교육을 시작하고 대략 6시 정도에 퇴근을 했는데, 나는 '세븐일레븐'이었다. 아침 7시에 교육을 위해 출근하고 밤 9시까지 공부를 이어서 했다. 당시 내가 살던 곳은 의정부였는데, 집에서 최소한 5시 20분에 나와서 사무실이 있는 선릉역에 7시에 도착할 수 있었다. 본격적으로 일을 시작한 후에도 계속해서 혹독한 훈련이 이어졌다. 이러한 공부는 일과 병행하면서 한 6개월 정도 더 지속되었다.

이후 황 부지점장님은 다른 분야로 전직을 하셨기에 더 이상 함께 일할 수는 없었다. 하지만 지금 나의 모든 것의 밑바탕은 그분과 했던 세월에서 비롯되었다고 볼 수 있다. 특히 입사 후 한 달 만에 전국 1위의 실적을 달성해낼 수 있었던 것도 바로 그 훈련 덕분이다. 꽤 세월이 지난 후에 나는 당시 그가 시켰던 혹독한 훈련이 과연 어떤 의미인지를 곰곰이 생각해보기도 했다.

## 혹독함의 대가

물론 그 어떤 훈련이든 성과에 도움이 된다. 열심히 훈련한 사람과 그렇지 않은 사람은 필드에서의 성과가 다를 수밖에 없다. 하지만 그냥 훈련이 아닌 '혹독한 훈련'은 하나의 특징을 가지고 있다. 자신의 한계 최대치를 경험할 수 있도록 해준다는 점이다. 매일 하는 정규적인 훈련을 넘어서 끝까지 밀어붙일 수 있게 하는 훈련, 그것이 바로 혹독한 훈련의 특징이다. 그리고 이것은 '안 하는 것'과 '못 하는 것'을 구분할 수 있도록 만

리더의 도미노

들어주고, 더 높은 곳으로 향하려는 투지를 길러내준다.

　사실 우리는 '못 하는 것'과 '안 하는 것'이 어떻게 다른지 잘 알고 있다. 전자는 '나의 능력이 되지 않아서 할 수 없는 것'이고, 후자는 '그냥 나의 의지로 하지 않는 것'이다. 그런데 정작 이 말을 쓸 때에는 혼동해서 사용한다. 예를 들어 대개의 영업사원들은 자신만의 한 달 목표치가 있다. '이번 달에는 10건, 혹은 20건을 해내야지!'라고 계획을 세운다. 하지만 누군가가 "이번 달에는 100건을 해 봐."라고 제안한다면, 그 사람은 시도도 해보지 않은 채 "아, 나는 그건 못 해요."라고 말한다. 하지만 그렇게 말하려면 실제로 100건에 도전을 해 봐야 한다. 그런 도전도 없이 '못 한다.'라고 말하면 결국 그것은 안 하는 것일 뿐이다.

　중요한 점은 앞에서 말한 혹독한 훈련은 바로 이렇게 자신을 최대 한계치까지 밀어붙여서 정말로 못 하는 건지, 아니면 안 하는 건지 확인해볼 수 있게 해준다. 이 두 가지 차이를 이해하게 되면 자신의 객관적 실력이 어떤지, 자신이 어떤 성향을 가진 사람인지 알 수 있게 된다. 끝까지 밀어붙일 때 어떤 감정이 드는지, 그것을 달성하지 못했을 때 어떤 마음이 드는지도 알 수 있다. 더 중요한 사실은, 자신의 한계를 알게 되면 그때부터는 그 한계에 실망하기보다는 오히려 자신을 더욱 잘 관리하고 스스로 리스크에서 멀어지는 새로운 경지에 이르게 된다.

'역사상 최고의 골퍼'라고 알려진 그렉 노먼Greg Norman이라는 사람이 있다. 1980년대와 90년대에 활동했던 사람으로 총 88회의 승리를 거머쥐었다. 그는 당시 냉철한 킬러와 같다고 해서 '백상어'라는 별명을 가지고 있었으며 공격적인 플레이로 세계 골퍼들의 인기를 독차지했다. 이런 사람이라면 '하면 된다!'의 정신에 매우 익숙할 것 같지만, 의외로 그의 평소 신조는 '자신의 한계를 알아야 한다.'라는 것이었다. 자신의 한계를 안다는 것은 단순히 내가 할 수 있는 영역이 어디까지인지에 대한 지식을 얻는 일이 아니다. 나를 객관화해서 속속들이 관찰할 수 있다는 것이며, 그 안에서 능수능란하게 자신을 잘 관리할 수 있다는 의미이다.

그뿐만 아니라 일단 한계에 도전해본 사람은 그곳에 그냥 멈춰 있는 것이 아니라, 자신을 더욱 상승시키려는 본능이 발동된다. 예를 들어 자신의 팔굽혀 펴기의 한계가 10개라는 사실을 알고 있다고 해 보자. 그렇다면 일반적으로 7~8개는 큰 힘을 들이지 않고도 해낼 수 있는 일상적인 수준이 된다. 하지만 사람은 성장에 대한 본능이 있다. 보통 8개를 어렵지 않게 해내면 '9개를 해 볼까?'라고 생각하고, 어느 순간 9개를 어렵지 않게 해내면, '그럼 이번엔 10개를 해 볼까?'라고 생각한다. 그 결과 자신의 한계치는 계속해서 늘어나게 된다.

'혹독한 훈련'은 여러모로 영업인에게는 큰 도움이 되는 경험이다. 못

리더의 도미노

하는 것과 안 하는 것을 알게 해서 성공 가능성을 더 높이고, 더 큰 목표에 도전하는 본능을 작동시키는 일이다. 그래서 나 역시 늘 후배들에게 "출발선에서는 무엇이든 혹독하게 훈련하라."고 조언한다. 승승장구하는 영업인이라고 하더라도 "늘 자신의 한계를 조금씩 더 넓혀갈 수 있도록 관리를 하라."고 조언한다. 두려워하지 말고 한계에 도전해보라. 그 끝에서 더 새로운 모습으로 발전해나가고 싶어 하는 자신을 발견할 수 있을 것이다.

### 오성급(5star) 체크포인트

★ 때로는 자신의 한계를 아는 일이 두려울 수도 있다. 그 한계 때문에 실망할 수도 있다는 두려움 때문이다.

★ 하지만 자신의 한계를 알 때 오히려 전혀 다른 인식이 생기게 된다.

★ '못 하는 것'과 '안 하는 것'의 차이를 알게 해주고, 자신을 잘 관리할 수 있게도 해준다.

★ 계속해서 한계에 도전하다 보면 어느덧 그 한계가 '일상적 수준'이 되고, 조금 더 나아가려는 마음이 든다.

★ 한계는 두려운 것이 아니다. 더 성장하고 싶은 본능을 작동시키는 출발점일 뿐이다.

# 욕심에 관한 자제력,
# 그리고 바른 성장의 필요성

"욕심은 필요한 것보다 더 많은 것을 원하게 만들며, 결국 아무것도 얻지 못하게 된다."
**마르쿠스 키케로** 철학자

모두의 인생에는 다 오르막과 내리막이 있기 마련이다. 물론 내리막에서 조심해야 할 것이 있지만, 이는 잘 극복한다면 오히려 도약대가 될 수 있다. 문제는 오르막이다. 자신이 잘나가고 있다는 느낌, 점차 성장하고 있다는 이 기분 좋은 인식은 자칫 자제력을 잃게 하고 나쁜 일에 유혹을 느끼게 만들기도 한다. 이때를 매우 조심해야 한다. 자제력을 잃고 바른 성장의 길에서 이탈하면 밝은 미래를 가진 영업인으로 발전하기 힘들기 때문이다.

나에게 자제력의 중요성을 알려주고 자제력을 갖고 더 당당하게 일할 수 있게 만들어주신 분이 바로 박 지점장님이었다. 당시로는 생소한 30대 여성 지점장이라는 점에서 설계사 시절에도 뛰어난 능력을 갖고 있었음

리더의 도미노

을 예상할 수 있을 것이다. 그분은 나에게 돈을 번다는 것의 의미, 그리고 돈을 벌었을 때 어떻게 행동해야 하는지에 대한 깊은 교훈을 안겨주었다.

## 개인 부스에 대한 한때의 욕심

박 지점장님은 메트라이프 입사 설명회 자리에서 처음 만났다. 그때 하셨던 이런 말이 아주 의미심장하게 마음에 꽂혔다.

"인생에서 돈이 있으면 자신이 하고 싶은 일의 90%는 할 수 있습니다. 그리고 자신이 하기 싫은 일의 90%는 하지 않아도 됩니다. 그런데 돈이 있어도 할 수 없는 것 10%, 돈이 있어도 해야만 하는 것 10%가 오히려 나의 인생을 가치 있게 만들어 줍니다."

가히 그때까지 들었던 돈에 관한 이야기 가운데 가장 흥미로운 말이 아닐 수 없었다.

그렇게 박 지점장님에 관한 깊은 인상을 가진 후 입사했고, 의욕적으로 일을 시작했다. 그분과 많은 대화를 하기 시작한 것은 2년 차에 처음 슬럼프에 빠졌을 때였다. 나의 개인적인 어려움에 대해서 많은 이야기를 들어 주셨고, 인간적으로 대해 주셔서 적지 않은 도움을 받았다. 함께 일한 시기는 근 5년 정도 되었는데, 한번은 내가 살짝 교만해지려는 것을 잘 지적해주어서 스스로 자제력을 키울 수 있도록 도움을 주었다.

메트라이프 영업조직에는 성과에 따라 보상이나 직함 등을 올려주는 'HONORS CLUB'이라는 제도가 있다. 일정한 업적을 달성하고 입사 후 5년이 지난 후에 HONORS CLUB 5급을 달성하면 회사 내에서 독립적인 부스를 사무 공간으로 제공받을 수 있다. 처음에는 달랑 책상 하나만 지급 받고 시작하는 신인에서 개인 사무실이 생긴다는 것은 매우 큰 자부심이 드는 일이다. 집에서도 어릴 때 형제들과 같은 방을 쓰다가, 혼자 독방을 쓰면 '이제 나도 약간은 컸구나.'라는 느낌이 드는 것과 똑같다.

그런데 회사의 명확한 규정인 '입사 후 5년이 지나고 HONORS CLUB 5급'에 약간 못 미치더라도 부스를 내주는 경우가 종종 있곤 했다. 당사자가 지점장에게 개인적으로 부탁했을 때다. 일반적으로 남들도 그렇게 하길래 나 역시 괜한 욕심이 들었고 박 지점장님에게 말씀을 드려보았다. 하지만 거절을 당했는데, 전혀 기분이 나쁘지 않았고 오히려 큰 교훈을 얻게 해준 거절이었다. 당시 박 지점장님은 이렇게 말했다.

"나는 그냥 규정대로 해주고 싶어요. 나중에 안현진 씨가 어떤 자리에 오르고 어떤 위치에 갈지도 모르는데, 그 어떤 경우라도 본인이 당당하고 떳떳하려면 규정을 지켜야 하지 않을까요?"

리더의 도미노

## 자제력의 진정한 의미

단지 부스를 주느냐, 주지 않느냐의 문제를 지적한 것이 아니었다. 인생 전체에 걸쳐서 스스로 자제력을 발휘해 부정이나 편법에 휘둘리지 않을 때, 비로소 진정한 자유로움과 당당함을 얻을 수 있다는 교훈이었다. 살짝 고개를 쳐들고 교만해지려고 했던 내 마음이 차분해졌다. 그간 인식하지 못했던 '자제력을 발휘해야 당당해질 수 있다.'는 새로운 인생 지침 하나를 건지게 된 것이다.

사실 영업을 하다 보면 유혹에 빠지는 일이 종종 생길 수밖에 없다. 보험의 경우라면 아내가 남편 대신 사인을 해서 보험 계약을 한다든지, 혹은 허락을 받기는 하지만 설계사가 대신 보험서류에 사인을 하는 행위들이다. 다른 영업 분야에서도 마찬가지일 것이다. 편법이나 꼼수에 대한 유혹은 늘 존재한다. 그러나 나는 과거 박 지점장님이 말씀해주신 자제력에 관한 이야기를 떠올리며 늘 자신을 잘 조절할 수 있었다.

그런데 이후에 이러한 자제력이 매우 큰 힘을 가지고 있다는 사실을 깨닫게 됐다. 미국의 심리학자인 로이 바우마이스터가 저술한 『의지력의 재발견』이라는 책에는 이런 대목이 있다.

"자제력이 강한 사람들은 비상 상황을 돌파하는 데 그 힘을 쓰지 않는다. 대신 효율적으로 공부하고 일하는 습관이나 일과를 만드는 데 공을 들인다. … 이 사람들은 의지력으로 위기를 돌파하는 게 아니고, 애초부터 위기를 만나지 않도록 준비한다. 프로젝트를 마칠 시간을 충분히 확보하고, 자동차는 주저앉기 전에 수리하러 가고, 무한 리필 뷔페는 가지 않는다. 방어 대신 공격을 하는 것이다."

결국 자제력은 과도한 욕심을 억제하여 에너지를 축적하게 만들고 이를 통해 평소의 관리에도 도움을 준다. 자신을 무절제에 풀어놓는 사람의 마음은 혼란해질 수밖에 없고, 체력은 낭비될 수밖에 없고, 그 결과 늘 위급한 상황에 처하게 된다. '무한 리필'이라는 말이 모든 것을 설명해준다. 자제력은 잃은 사람은 정신없이 먹는 것에만 열중하게 되고, 결국 몸을 해치는 결과를 얻게 된다. 그리고 함께 식사하는 사람과의 대화에도 소홀해지고 관심을 쏟기도 힘들어진다.

## 바른 성장이 더 큰 성과 만들어

박 지점장님은 메트라이프에서 10년 정도 일하신 후 다른 회사로 옮기셨고 그 이후에도 계속 연락을 하면서 지내고 있다. 그런데 한번은 이런 말씀을 하셨다.

"내가 메트라이프에서 딱 10년 있었는데, 만약 안현진이라는 사람이 없었다면 그 10년이 그저 허무했을 것 같아요. 그런데 이제까지 잘 성장해주어서 안현진이라는 사람을 키워냈기에 나의 그 10년이 허무하지가 않았습니다. 정말로 고마워요."

누군가에게 이런 말을 들을 때 뿌듯하지 않을 사람은 없을 것이다. 나의 바른 성장이 누군가의 자부심이 될 수 있다니. 그리고 이러한 감정은 앞으로도 성장해야 할 일이 많은 나에게는 큰 힘과 용기가 된다.

영업인이라면 누구나 성과를 위해서 일을 한다. 그러나 그러한 성과들 역시 최대한의 자제력과 바른 과정이 있을 때에만 가능한 일이다. 과도한 욕심이 영업인들을 망치는 일은 종종 일어나며, 주변의 영업인들이 비난받는 주요 원인이기도 하다. 분명 자제력을 밑바탕으로 올바르게 성장해 나갈 때, 비로소 당당한 사회인이 될 수 있을 것이다.

### 오성급(5star) 체크포인트

★ 누구나 욕심이 날 수 있다. 그러나 그때 얼마나 자제력을 발휘하는지가 중요하다.
★ 자제력은 떳떳함과 당당함을 안겨주며, 에너지를 모아 평상시의 관리력을 높여준다.
★ 문제가 터지기 전에 미리 대비하고, 늘 위험을 예방할 수 있다.
★ 비난 속에서 이뤄내는 성장이 아닌 '바른 성장', 바로 그것이 더 큰 성과를 줄 것이다.
★ 단지 누군가에게 욕먹지 않기 위함이 아니라, 당당한 사회인이 되는 일도 큰 의미와 가치가 있는 일이다.

# 인간적인 사람, 누군가를
# 차별 없이 대하는 매력

> "인간성은 우리가 가진 모든 덕목의 근원이며,
> 그것 없이는 그 어떤 것도 완전할 수 없다."
> **달라이 라마** 종교인

우리는 모두 인간이면서도 '인간적인 것'을 너무도 좋아한다고 말한다. 어떻게 보면 참 모순일 수도 있다. 그 말은 곧 우리가 인간이면서도 인간적이지 못하다는 의미이기도 하기 때문이다. 내가 만난 세 번째 멘토는 송 대표님이다. 사실 그분은 나와의 관계 이전에 이미 '대한민국 보험업계의 전설'이셨던 분이었다. 22년간 보험업계에서 일하면서 챔피언도 여러 차례 달성했고, 항상 일등을 놓치지 않았기에 가히 전설이라는 말을 붙여도 절대로 무리가 아니다. 그러나 내가 그분에게 배운 것은 실적을 높이는 법이 아니었다. 그 이전에 '어떻게 하면 인간적으로 살아갈 수 있는가, 그리고 어떻게 성과로 연결되는가'였다. 더 나아가 그분을 보면서 나는 '멋있는 사람'에 대한 로망이 생겼고, 나 역시도 그렇게 살기 위해 많은 노력을 기울였다.

## 10년 후에도 매력적인 사람

함께 일하던 과거의 멘토분들이 회사를 옮기거나 그만두는 과정에서 송 대표님과 함께 일할 수 있는 기회가 있었다. 당시 급여나 커리어, 모든 면에서 나와는 비교하기도 힘들 정도로 뛰어난 능력을 갖춘 분이었다. 그런데 그분의 실적 때문에 존경한다고 생각해본 적은 한 번도 없었다. 그보다는 오히려 사람을 대하는 섬세함과 배려가 너무도 인간적으로 느껴졌고, 그때부터 존경하는 멘토로 생각했다. 나와의 나이 차이는 딱 10년이었다. 당시 나는 '지금 28살인 안현진이 10년 뒤에는 지금의 38살인 송 대표님처럼 멋있어졌으면 좋겠다.'고 생각할 정도였다.

10년이라는 세월이 지나고 38살이 된 어느 날이었다. 잠시 호주에서 가족 여행 중이었는데, 문득 새벽에 잠을 깨서 창밖을 바라보고 있었다. 그때 갑자기 송 대표님이 떠올랐다. 그러면서 과거의 다짐이 기억나면서 이런저런 생각이 들었다.

'10년 전에는 송 대표님처럼 멋진 사람이 되고 싶었는데…. 그런데 정말 10년이 지났고 나도 38살이 되었네. 나는 정말로 그만큼 멋진 사람이 되었을까?'

그런데 내가 멋진 사람이 되었냐, 되지 않았느냐보다 더 중요한 사실은 지금도 여전히 48살의 송 대표님을 멋진 사람이라고 생각한다는 점이었다. 나는 또다시 10년 뒤를 기약하면서 그분의 인간적인 매력을 배워야겠다고 생각했다. 그러니 어쩌면 지난 모든 세월을 통틀어 나는 '송 대표님'의 매력에 사로잡혀 헤어나오지 못했던 셈이다.

그분에 대한 미담은 워낙 많지만 내가 처음 놀랐던 것은 회사를 그만둔 옛 직원의 결혼식에 참여했을 때였다. 당시 나의 팀원이었던 한 후배가 일을 하다가 그만둔 적이 있었다. 그리고 1년 뒤, 청첩장을 들고 나타났고 송 대표님에게도 청첩장을 건네 드렸다. 사실 나 같은 경우 과거에 함께 일했던 내 팀원이기 때문에, 비록 회사를 그만두었다고 하더라도 충분히 결혼식에 갈 수 있었다. 하지만 송 대표님은 시간을 15분, 30분 단위로 쪼개 쓸 정도로 바쁜 분이었다. 그러니 한 10만 원 정도의 축의금만 해도 충분하며 굳이 갈 필요는 없을 것이라 생각했다.

## 사람을 사람 자체로 보는 것

그런데 놀랍게도 송 대표님은, 이제 회사를 그만두어 더 만날 필요조차 없는 그 후배의 결혼식에 홀로 오셨다. 두 사람 사이는 나이 차이도 많이 나고, 거기다가 영업으로 관련될 일도 없었다. 그럼에도 결혼식에 온 그 모습이 '인간적'이라고 느꼈다. 자신에게 손수 청첩장을 건네준 것에 대한 보답이었을 것이며, 자신과 아무런 경제적인 이익이 엮여 있지 않아도 그저 순수하게 한 사람의 결혼을 축하해주고 싶었을 것이라고 본다.

바로 그때 나는 비로소 '인간적인 것'이 무엇인지를 다시 생각해볼 수 있었다. 그저 사람을 사람 그 자체로만 보는 순수한 자세이며, 상대방의 괴로움을 진심으로 위로하고, 그 축하에 동참해주는 일. 어떻게 보면 그리 어려울 것도 없는 자세이지만, 우리는 이것을 잊고 사는 경우가 태반이었다. 그리고 송 대표님은 아무리 멀어도 애경사에는 거의 대부분 참석하셨다. 평소 가깝던 사람은 물론이고, 그다지 친분이 두텁지 않은 사람이라도, 반드시 참여하곤 했다.

거기다가 상대의 관심사와 말에 세심하게 주의를 기울이신다. 예를 들어 함께 골프를 치러 나갔던 사람이 송 대표님의 모자가 예쁘다고 칭찬하면, 며칠 뒤에 어김없이 그분이 칭찬했던 똑같은 모양의 모자를 택배로 보내주기도 했다. 상대가 예쁘다고 말한 바로 그 물건을 기억하고 있다가 선물로 보내주었던 것이다. 내가 누군가의 취향을 관찰하고 선물하는 법을 배운 사람이 바로 송 대표님이기도 했다.

결국 그 모든 것은 바로 '사람에 대한 존중'으로 요약할 수 있다. 나의 돈벌이 도구로 보거나, 그냥 내가 활용하는 수단이 아니라 사람, 그 자체로 존중하고 배려하고 관심을 쏟는 일이었다. 인간적인 태도에 대해서 훗날 또 한 번 느끼게 해준 것은 미국의 한 경영자였다.

미국 최대의 은행이라면 단연 JP모건이다. 미국 금융산업이 불황일 때도 언제나 '나 홀로 호황'을 구가하며, 미국 2위와 3위 은행의 시장 가치를 합친 것보다 더 높은 가치를 가지고 있을 정도다. 직원은 전 세계에 무려 25만 명가량이 있다. 이 회사의 제이미 다이먼 회장은 지난 2020년 한 미국 매체와의 인터뷰에서 이런 이야기를 했다.

"리더십은 '사람에 대한 존중'이지 카리스마나 지력知力을 말하는 것이 아니다. 경영이란 실행, 후속조치, 규율, 계획, 분석 그리고 사실, 사실, 사실fact의 연속이지만, 그것만 해서는 성공적인 리더가 될 수 없다. 사무실에서 가장 똑똑한 사람, 가장 열심히 일하는 사람이 되는 것보다도 인간성, 개방성, 공정성이 가장 중요하다."

그런데 이러한 것들이 일의 성과에도 영향을 미친다는 사실이 중요하다. 다이먼 회장은 '직원을 존중할 때 그것이 결국 생산성의 확대'로 이어진다고 말했다. 그러니까 인간적으로 살아가는 일은 나와 상대방의 삶 자체를 풍요롭고 아름답게 만들어주기도 하지만, 궁극적으로 성과도 높이니 말 그대로 일석이조가 아닐 수 없다.

## 인간적인 것은 결국 '사랑'

일본 교세라의 창업자인 이나모리 가즈오 역시 이런 말을 한 적이 있다.

"훌륭한 수행자처럼 수행하듯이 살아가며 닦은 인간성이야말로 경영자에게 꼭 필요한 요소입니다. 올바른 인격이 갖춰지지 않은 경영자는 올바른 판단을 할 수 없기 때문입니다."

인간적인 것이란 결국에는 사랑이 아닐까. 남녀 간, 부모 자식 간의 사랑을 넘어서 내가 알고 있는 사람들에게도 대가를 바라지 않는 사랑을 주는 것이야말로 인간성의 핵심이라고 할 수 있다. 따지고 보면 "저 사람은 참 인간적이야."라는 말을 듣는 사람은 대개 차별 없이, 정성껏 누군가를 대하고 관심을 써주는 사람들이기도 하다. 사소한 것 하나 놓치지 않고, 사람을 이용하지 않는 사람은 반대로 다른 사람들의 사랑을 받으면서 살아갈 수 있다. 그때 비로소 인간적인 매력이 완성될 수 있다.

### 오성급(5star) 체크포인트

★ 각박한 사회일수록 인간적인 것들이 더 소중해진다.
★ 어느 순간 우리는 차별적인 태도로 생활해왔고, 자신에게 이익이 되지 않으면 사람마저 소중히 여기지 않게 됐다.
★ 진정한 리더십은 '사람에 대한 존중'에서 시작된다.
★ 진정한 인간성을 가져야만, 올바른 판단을 할 수 있다.
★ 결국 차별 없는 사랑을 줄 수 있을 때, 우리는 비로소 인간적인 사람이 되어갈 수 있다.

# 분위기, 즐겁게 일하는 방법의 비밀

"즐거움이 없는 일은 성공할 수 없다. 일에서 즐거움을 찾을 때, 그 일이 예술이 된다."
**앨버트 슈바이처** 신학자

 

'즐겁게 일한다.'는 말은 참 이상적이기는 하지만, 현실에서는 정말로 쉽지 않은 일이기도 하다. 일하면서 즐거움을 느낀다면 번아웃도 없고 스트레스도 현저하게 줄어들 수 있겠지만, 정반대의 현실이 펼쳐져 있다는 사실이 '즐겁게 일하기'의 어려움을 증명한다. 그런데 즐거움을 찾으면서 일하는 방법을 알려준 분이 바로 네 번째 멘토였던 김대영 상무님이었다. 현재 메트라이프에서 설계사로 시작해 임원까지 된 분은 딱 2명인데, 그 중 한 분이었다. 거기다가 거의 20년간 관리자를 해오셨으니, 한마디로 '관리의 달인'이라고 할 수 있다. 내가 지점장을 거쳐 본부장으로 오면서 높은 성과를 이룰 수 있는 비결은 상당 부분 김대영 상무님으로부터 전수받은 것이라고 봐도 무방하다.

## 맛집에서 회의를 하는 이유

회사에서 회의가 기다려진다거나, 미팅이 즐겁기는 쉽지 않다. 언제나 딱딱한 분위기와 질책성 있는 말들이 오가고, 마치 경주마처럼 채찍질당한다는 느낌이 은연중에 들기 때문이다. 하지만 정말로 김대영 상무님과 일할 때에는 회의 시간이 기다려질 정도였다. 과거 그분 밑에서 함께 일했던 지점장 모임을 아직까지도 하고 있는데, 모두 이구동성으로 "김 상무님과 일할 때가 제일 즐거웠다."고 말한다. 그러니 단순한 나의 느낌만은 아닐 것이다.

상무님이 가진 가장 큰 특징이자, 내가 가장 많이 배운 것은 바로 '분위기를 만드는 방법'이었다. 일단 당시는 본부장임에도 불구하고 늘 지점 사무실을 방문하면 허드렛일부터 하셨다. 특히 화분을 가꾸거나 청소를 해주시는 모습에 상당히 놀랐다. 본부장이나 되시는 분이 화분 정리를 하신다니 말이다.

가장 특이한 부분은 회의를 하는 장소의 선택이었다. 과거 3년 정도 함께 지점장 회의를 했는데, 사무실에서 한 적이 한 번도 없었다. 손수 맛집을 찾아내서 모두 그곳에서 먼저 식사를 했다. 식사가 끝나면 다시 멋진 카페로 가서 회의를 하곤 했다. 지방에 지점원들과 함께 가는 워크숍도 많이 개최했다. 예를 들어 거제도에 가서 맛있는 횟집에서 저녁을 먹고, 요트를 타는 프로그램도 진행했다. 늘 상무님을 생각하다 보면 '맛있는 음식, 멋진 커피숍, 즐거운 술자리, 추억이 있는 여행' 등이 떠오르게 된다. 그러니까 어느 순간부터는 상무님과 일하면 즐겁다는 인식이 자연스럽게 들게 되고, 상무님을 뵐 때마다 나도 모르게 입가에 저절로 웃음이 지어졌다.

물론 맛있는 것들이 있어서 회의가 기다려진 것은 아니었다. 상무님은 회의에 상당한 시간을 투자해서 준비했는데, 한번 회의에 참석하게 되면 업계의 흐름이나 변화를 선명하게 알 수 있어서 지식을 얻는 쏠쏠한 즐거움까지 있었다.

지금 생각해보면 상무님의 그런 노력이 단순히 지점장들에게 추억을 주기 위해서만은 아니었다. 그것은 바로 '일하는 분위기'를 만들기 위해 무척 애쓰셨던 것이다. 보통 직장에서의 분위기가 중요하다고는 생각하지만, 사실 우리의 생각보다 훨씬 많은 영향을 미친다. 예를 들어 '직장 분위기가 일에 미치는 영향은 한 20~30%가 되지 않아요?'라고 생각할 수도 있지만, 나는 그보다 훨씬 많은 영향을 끼친다고 생각한다. 그리고 이는 성과와도 직결된다.

## 일하는 중간중간 보상받기

당시 상무님과 함께 일할 때 성과 역시 매우 뛰어났다. 각 본부의 크기가 달라서 일방적인 비교를 하기는 힘들지만, 1인당 생산성 면에서는 우리 본부가 늘 1등을 했다. 또 그 이외의 지표에서도 모두 좋게 나왔다. 회의를 맛집이나 카페에서 했던 이유도 바로 여기에 있었다.

딱딱한 사무실이 아닌, 맛집과 카페에서 회의를 하게 되면 오감이 되살아나면서 즐거워지고 집중하게 된다. 일단 음식을 먹으면 행복 호르몬이 분비되고, 그때 회의가 진행되면 더 밝고 활기찬 진행이 가능해진다. 마음이 너그러워지고 더 적극적이 될 수 있다. 또 여유가 생기니까 자신감도 함께 커진다. 그뿐만 아니라 새로운 장소에 가면 늘 우리의 뇌가 자극받아서 창의적인 아이디어가 생기는 것은 당연한 일이다. 따라서 상무님은 지점장들에게 맛있는 것을 먹기 위해서가 아니라, 우리의 감성 자체를 뒤바꿔 일을 즐겁게 대할 수 있도록 한 것이고, 더 창의적으로 만들기 위한 노력을 했다고 볼 수 있다.

직장의 분위기와 성과에 관해서는 해외에서 연구한 결과도 있다. 캐나다의 한 대학에서 실험한 바에 의하면, 즐겁고 긍정적인 분위기를 가진 집단에 속한 사람과 그렇지 않은 집단에 속한 사람 사이에 상당한 성과의 차이가 났다. 더불어 상호 간에 친밀도와 신뢰까지도 높아지는 것으로 나타났다. 세계적인 인력관리 회사의 창립자인 론 프리드먼Ron Friedman은 한 국내 언론과의 인터뷰에서 이런 말을 한 적이 있다.

"일하기 좋은 직장의 조건 중 하나는 구성원이 회사 동료들과 친밀한 관계를 유지하느냐는 것이다. 친한 사람이 많은 곳일수록 회사에 대한 로열티와 업무 몰입도는 높아지고 적극적인 피드백이 늘어난다. (…) 이는 단순히 친한 사람이 많은 곳에서 직원들이 심리적 안정을 얻기 때문만은 아니다. 직장 내 인간관계가 끈끈한 곳에선 직원들의 업무 몰입도가 더 올라가고 더 나은 평가를 받기 위해 노력한다."

힘들게 느껴지는 일도 열심히 하는 이유는 보상을 받기 위한 것이다. 하지만 보상이란, 일의 마지막에 주어지는 게 일반적이다. 따라서 일하는 과정에서는 보상을 받지 못하고, 인내하고 애쓰면서 일은 재미가 없다고 인식하게 된다. 하지만 반대로, 일하는 과정이 즐거우면 더 몰입하게 되고, 더 적극적으로 하게 되어 더 많은 보상을 받을 수 있게 된다. 따라서 일하는 과정에서 본인이나 팀원들을 즐겁게 해주는 일이 반드시 필요하다.

## 오성급(5star) 체크포인트

★ 우리에게는 '힘든 일을 참고 열심히 해야 한다.'라는 인식이 있다.

★ 더구나 보상은 가장 마지막에 주어지기 때문에 그것을 당연하다고 생각하기도 한다.

★ 맛집에서의 회의나 카페에서의 소통은 중간중간 즐거움과 보상을 준다.

★ 즐거움을 느끼게 되면 훨씬 강한 몰입을 하고 적극적으로 변할 수 있다.

★ 자신에게 중간중간 보상을 주는 방법을 생각해보자. '즐겁게 일하기'는 충분히 가능하다.

# 절대 긍정, 살면서 가져야 할 영업인의 자세

"낙관주의자는 모든 어려움 속에서 기회를 보고,
비관주의자는 모든 기회 속에서 어려움을 본다."
**윈스턴 처칠** 정치인

이제까지 내가 만난 멘토들 모두가 나의 성장에 큰 도움이 되었지만, 리더가 가져야 할 다양한 역량을 종합적으로 배울 수 있었던 분이라면, 단연 메트라이프 CA채널을 이끌고 있는 김성환 부사장님이라고 할 수 있다. 메트라이프 역사상 설계사에서 시작해 부사장의 자리까지 올라간 유일무이한 사람이 바로 김 부사장님이다. 설계사 시절부터 지점장, 그리고 지금 맡고 있는 영업담당 총괄임원까지 실적이라면 가히 '영업의 신(神)' 이라고 표현해도 결코 과장이 아니다. 더욱이 본인뿐만 아니라 팀원들까지도 끌어올려 주시는 탁월한 역량을 가지고 있었다. 현재 내가 하고 있는 본부장의 역할 중 상당수는 김성환 부사장님에게 배운 것들이 많다. 특히 김 부사장님이 쓴 책의 제목이기도 한 '절대 긍정'의 정신은 매 시기 어려울 때마다 큰 도움이 되었다.

## 그의 길을 모델 삼아 도전했던 시절들

김성환 부사장님의 실력을 알게 해주는 기록은 매우 많다. 지금으로부터 25년 전인 1999년, 입사 6개월 만에 '최연소 MDRT'를 달성한 것을 첫 번째로 손꼽을 수 있다. MDRT란 '백만 달러 원탁회의Million Dollar Round Table'의 줄임말이다. 미국에서 처음 시작된 모임으로 고소득 보험설계사들이 모인 전문가 단체라고 할 수 있다. 이러한 대단한 실적을 입사 6개월 만에 달성했다는 점에서 놀라지 않을 수 없다. 특히 그는 육군 대위 출신이었다. 영업하고는 전혀 관련이 없는 일이었으니, 말 그대로 영업에서는 타고난 사람이라고 볼 수도 있다. 설계사 시절 전국 2~3위의 영업실적을 올리고 지점장 챔피언을 달성하고 특히 메트라이프 영업 매출 75개월 연속 전 세계 1위 지점 유지도 달성해냈다. 가히 대한민국을 넘어서 '글로벌 특급 성과'라고 할 수 있다.

거기다가 관리자가 되면서부터는 혼자만의 실적이 아닌, 지점원들이 뛰어난 성과를 얻어낼 수 있게 이끌어주었다. 그 결과 연봉 1억 이상의 직원을 100명 이상 배출해냈다. 300명의 지점원들 중 100명을 억대 연봉으로 이끌었다는 점은 리더로서의 탁월한 면모가 있지 않고서는 불가능한 일이다.

나의 관리자 생활은 상당수 김 부사장님의 탁월한 성과를 좇아갔던 과정이었다고 할 수 있다. 김 부사장님은 입사 첫 달에 60건의 계약을 하면서 주위에 놀라움을 안겨줬다. 나는 그 이야기를 듣고 '그럼 나는 입사 첫 달에 50건을 해 보자.'고 결심해서 이뤄냈고, 또 6개월 만에 MDRT를 했다는 이야기를 듣고 나 역시 같은 목표를 세우고 노력한 결과 5개월 만에 달성할 수 있었다. 그러니까 내가 해왔던 많은 기록은 김 부사장님의 발자취를 따라간 도전이었다고 볼 수 있다.

그는 내 승진의 과정에도 큰 힘과 용기를 주었다. 내가 설계사에서 전주 지점장으로 갈 인물로 거론되자 회사 내에서는 반대가 꽤나 심했다. 부지점장 경력도 없는 사람이 어떻게 갑자기 지점장을 하느냐는 것이 주된 이유였다. 그런데 그때 김 부사장님은 나에게 이렇게 말씀하시며 큰 힘을 주었다. "현진아, 너는 어디를 보내도 살아 돌아올 것 같다. 나는 너에 대한 그런 믿음이 있어. 그러니 열심히 잘해 봐라." 평소에는 늘 냉정함과 엄격함을 가진 분이라고 보았지만, 그때는 따뜻한 마음도 함께 있다는 사실을 알게 됐다. 그리고 그 말 한마디는 내가 전주에서 힘들 때마다 나를 일으켜 세워주는 원동력이기도 했다.

## 낙관적인 에너지로 하루하루 활기찰 수 있도록

내가 가장 많이 배운 부분은 바로 '절대 긍정'의 정신이었다. 사실 부사장님은 설계사로서의 출발 그 자체가 절대 긍정의 여정이었다고 볼 수 있다. 처음 군에서 제대하고 보험업에 뛰어들 때, 빚만 8,000만 원이었다고 한다. 25년 전의 이야기니까 지금의 화폐 가치로 따지면 거의 2억 원에 육박하는 상당한 금액이다. 20대에 그 정도의 빚이 있는 상태에서 영업하며 일한다는 느낌은 어떤 것이었을까? 내가 겪어보지 않아 단정할 수는 없지만, 일반인들의 평범한 생활에 비하면 하루하루가 지옥이 아니었을까? 그럼에도 부사장님에게는 말 그대로 '절대 긍정'의 정신이 있었기에 견딜 수 있는 나날이었을 것이다.

사실 영업인들이라면 누구나 긍정적인 생각의 중요성을 알고 있다. 그런데 자신이 행복하고 만족한 상태에서 긍정을 하는 일은 그다지 어렵지 않다. 경제적으로도 만족스럽고, 생활에도 불편함이 없는데 누군들 긍정적이지 않을 것이며, 누군들 밝고 희망차지 않겠는가?

중요한 것은 내가 정말 사면초가의 위험에 빠졌을 때, 슬럼프를 겪어 막막하고 도저히 앞이 보이지 않을 때에도 긍정의 정신을 갖추는 일이다. 자신을 짓누르는 현실적인 한계와 제약이 즐비한 상황에서도 긍정으로 희망을 찾기란 쉽지 않다. 하지만 그렇기에 더 필요한 것이 바로 '절대 긍정'이다.

그리고 중요한 점은 '긍정' 앞에 '절대'가 붙어있다는 점이다. 이는 전제 조건이 존재하지 않는 긍정이다. 현실이 아무리 어렵든, 앞날이 아무리 불투명하든, 그것에 훼손당하지 않는 긍정을 하는 의미한다. 나는 이러한 절대 긍정이란, 결국 내 안에 존재하는 무한한 에너지를 이끌어내는 주문이라고 생각한다.

이와 더불어 절대 긍정 안에는 현실의 무게를 이겨내는 낙관의 정신도 함께 포함되어 있다. '아, 나는 매일매일이 힘들고 지옥 같아!'라고 생각하면서 어떻게 그 멀고 긴 성공의 길로 갈 수 있겠는가. 그래서 머리를 들어 희망을 보게 하고, 발걸음은 가볍게 하고, 마음은 활기차게 만들어주는 것이 바로 절대 긍정일 것이다. 그리고 나는 물론이고 모든 영업인들이 이런 정신으로 나아갈 때, 성공의 계단을 더욱 빨리 올라갈 수 있을 것이다.

## 늘 새롭게 변화하는 모습으로 도전하는 리더

지난 17년간 내가 설계사로서, 지점장으로, 현재는 본부장으로 바라본 김성환 부사장님은 항상 새롭게 변화하기 위해 노력하는 리더의 모습 그 자체였다. 메트라이프 CA채널을 10년째 이끌고 있는 메트라이프 역사상 최장수 영업총괄 임원으로서, 오랜 시간 정상의 위치를 유지한다는 게 힘들다는 것은 내가 해 보지 않았어도 충분히 알 수 있다. 사실 조직원들에게 밥도 자주 사주고 회식도 자주 하면서 칭찬과 격려만 한다면 임원의 자리도 그리 힘들지만은 않을 것이다. 하지만 김성환 부사장님은 항상 문제점을 지적하고 늘 긴장감을 유지시키면서 모두가 함께 앞으로 나갈 수 있게 채찍을 가했다고 할 수 있다.

지점장 시절에는 잘 몰랐지만 본부장이 되고, 좋은 리더란 어떤 모습일까 생각해 보았다. 나도 본부의 구성원들에게 좋은 이야기와 격려만 해주면 욕을 먹지는 않겠지만 그들의 발전도 따라오지 않는다. 일에 대해서만큼은 누구보다 엄격하게 그리고 그들이 잘되기를 바라는 마음으로 채찍을 가한다면 지금은 나를 싫어할 수 있지만 시간이 흐른 뒤, 그 사람이 어떠한 위치에 올랐을 때 자신을 성장시켜준 분으로 나를 기억할 것이다. 이렇듯 김성환 부사장님은 10년 동안 한순간도 게으름에 빠지지 않고 본인 스스로에게 더욱 엄격했던 것은 아닐까 생각해본다.

마지막으로 김성환 부사장님은 메트라이프 CA채널만의 차별화된 영업시스템인 석세스휠을 고안해서 필드에 전파하는 성과를 거두기도 했다. 석세스휠이 있기 전까지는 각자의 방법으로 영업활동을 기록하고 과

정보다는 결과에만 집중하는 영업을 했다면, 석세스휠을 통해서 영업 전체의 과정을 돌아보고 성과를 측정하게 되었다. 처음에는 새로운 것을 도입하면서 오는 마찰도 있었지만 7년이 넘는 시간 동안 밀어붙이는 꾸준함으로 지금은 메트라이프 CA채널이 타사보다 뛰어난 업적을 낼 수 있게되었다. 그리고 작년에는 설계사들의 교육 플랫폼인 T.I.P.를 성공적으로 런칭해 언제 어디서든 원하는 교육을 들을 수 있도록 했다. 이처럼 김 부사장님은 항상 새로운 것을 시도하고 노력하는 리더이다.

### 오성급(5star) 체크포인트

★ 행복하고 만족스러울 때는 누구나 긍정적이 되고, 희망을 가슴에 품는다.
★ 정반대의 상황이 펼쳐지면, 의도하지 않아도 마음이 무겁고, 의지는 꺾이고 괴로운 현실에 무릎 꿇고 만다.
★ 객관적으로 상황이 어렵고 힘들수록 더욱 가져야 할 정신이 바로 '절대 긍정'이다.
★ 절대 긍정은 내 안의 무한한 에너지를 끌어내고 낙관적으로 변할 수 있도록 도움을 줄 것이다.

리더의 도미노

조직의 운명도 결국 '순환'의 법칙에서 벗어날 수 없다. 잘되는 조직은 계속해서 잘되는 선순환을, 안되는 조직은 기를 써도 헤어나기 쉽지 않은 악순환의 고리에 빠지게 된다. 물론 조직원 개개인의 역량도 중요하겠지만, 결국 그 모든 것을 좌우하는 것은 리더의 압도적인 역량일 수밖에 없다. 일반적으로 조직 문화를 바꾸는 일은 쉽지 않다고 여길 수 있다. 하지만 조직은 생각보다 빠르게 변한다. 특히 리더의 말과 행동은 순식간에 조직원의 마음에 영향을 끼치면서 분위기를 뒤바꿀 수 있다. 이는 내가 전주에서 지점장뿐만 아니라 강남 5본부장을 하면서도 예외 없이 경험했던 일들이다. 절대로 지지 않는 조직을 만드는 방법에는 어떤 것이 있을까?

# 절대로 지지 않는 조직,
# 모두를
# 하나로 만드는 힘

리더십의 도미노가 바뀌면,
팀원의 기세가 달라진다

# 패배감에 젖은 조직을 변하게 하는 과정

"내가 계속 노력하는 이유는 1등이 되고 싶기 때문이다."
**마이클 조던** 농구 선수

"리더의 역할은 구성원들을 이끌고 한 번도 가보지 않은 길을 가는 것이다."

인텔의 전설적인 경영자였던 앤디 그로브가 했던 말이다. 어떤 면에서 리더가 하는 일이란 참으로 대단하면서, 동시에 또 어려운 일이라는 생각이 든다. 하지만 그럼에도 이를 해내고 싶은 리더가 있다면, 가장 먼저 조직을 지배하는 문화를 바꾸어야 한다. 특히 패배감에 젖어 있는 조직이라면 더욱 이런 일이 선결되어야 한다. 독려하고 힘내라고 말하기 이전에, 이미 축 처진 분위기부터 바꾸지 않으면 리더는 위대한 일을 해낼 수 없다.

## 나의 비전과 직원들의 내면

패배감에 젖은 조직에 새로운 시동을 걸기 위해서 두 가지 측면에서 접근할 필요가 있다. 첫 번째는 조직을 이끌어 가는 리더로부터 시작되는 새로운 목표 설정이고, 두 번째는 조직원으로부터 시작되는 새로운 활력이다. 이렇게 양쪽으로 변화의 바람이 불기 시작하면, 서로 시너지를 낼 수 있기 때문이다.

리더의 측면에서 가장 중요한 것은 바로 목표의 설정이다. 이 목표에 따라서 당장 오늘 해야 할 일의 종류가 달라지고, 행동이 달라지는 것은 당연하다. '조직은 리더가 가진 비전의 크기만큼 성장한다.'라는 말이 있다. 리더가 어디를 보고, 무엇을 추구하는지가 결국 조직의 방향과 목표 달성의 여부를 결정할 수밖에 없다.

내가 전주 PROS지점에 부임했을 때 제일 먼저 설정한 목표는 '챔피언'이었다. 과거 높은 성과를 달성했던 경험도 있었겠지만, 기왕 하려면 전국에서 꼴등을 하던 지점을 챔피언 지점으로 만들어낸다면, 그것만큼 의미 있는 일은 없겠다 싶었다. 다만 그 목표를 지점원들에게 말하지는 않았다. 지쳐 쓰러져 있는 사람에게 말하기에는 너무 버거운 목표이며, 오히려 너무 허황된 목표를 가진 지점장으로 보일 수도 있어 위험한 일이기까지 했다. 나는 이 목표를 내 마음속에만 가지고 있었고, 3년이 지나도록 단 한 번도 꺼낸 적이 없었다. 하지만 매일 나의 모든 일은 '이 지점을 어떻게 챔피언으로 만들 것인가'에 집중되어 있었다. 데이터를 분석하고, 실적을 평가하는 모든 잣대는 바로 '챔피언'이었다.

두 번째로 조직원의 측면에서 가장 중요한 것은 새로운 활력을 불러오는 일이었다. 이를 위해서는 조직원의 내면적 정서를 살피고 가장 필요한 일을 선제적으로 하는 것이다. 특히 정서의 문제는 매우 중요하다. 지치고 두려움에 싸여 있는 사람에게 내가 아무리 신나고 즐거운 분위기로 이야기해 봐야 설득력이 떨어지기 때문이다. 이러한 일이 중요하다는 것을 깨달은 시기는 전주 PROS지점에서의 일정한 성공을 바탕으로 순천지점으로 또 한 번의 도전을 했을 때였다.

## 성장 사고방식을 가진 지점원을 위해

당시 같은 본부의 소속으로 있던 순천 지점장이 그만두면서 공석이 발생했다. 순천지역은 업적이나 규모가 작아서 아무도 지원자가 없었다. 하지만 나에게는 새로운 기회가 되겠다는 생각이 들었다. 그래서 먼저 전주 PROS지점과 순천지점을 함께 맡아서 운영해 보겠다고 회사에 제안했다. 회사에서도 흔치 않은 케이스이기는 했지만, 전주에서의 성공이 있었기에 나에게 기회가 왔다. 그렇게 나는 두 개의 점포를 관리하는 'PROS&순천 지점장'이 됐다.

순천지역은 2년 동안 지점장이 2번이나 교체되었고 이전에도 자주 지점장들이 교체되면서 과거의 지점장에게 다소간 상처를 받았다는 점을 알게 됐다. 지점장이 계속해서 바뀌면서 신뢰감이 현저하게 떨어져 있었다. 거기다가 설계사로의 자부심이 없었다. 누군가에게 대접을 받기보다는 어떻게 해서 한 건이라도 계약하게 되면 감지덕지하는 분위기였다. 자부심이라기보다 그저 생계에 불과할 뿐이었다.

과거의 지점장에게 상처받고 자부심마저 떨어져 버린 지점원들과의 만남. 첫 마디에 무슨 말을 할지 무척 난감했다. 예전의 다른 지점장들처럼 "저를 믿고 열심히 함께 일해봅시다!"라는 상투적인 말을 해 봐야 믿어주지 않을 것 같았다. 그렇다고 평생 함께할 테니 나를 믿어달라고 할 수도 없는 노릇이었다. 결국 나는 정반대의 방법으로 그들에게 신뢰를 심어주자는 전략을 짰다.

"저의 목표는 3년 안에 정말 괜찮은 지점장이 여기 순천에 올 수 있도록 하는 것입니다!"

어떻게 보면 첫 만남의 자리에서 이별을 이야기한 셈이다. '최대한 늦게 떠날 테니까 저를 믿어주세요.'가 아니라 '3년 뒤에는 떠날 겁니다.'라는 말을 했으니 말이다. 하지만 나는 이런 말이 더 신뢰를 줄 수 있다고 봤다. 어차피 3년 동안은 최선을 다하겠다는 의미로 받아들일 것이라고 생각했기 때문이다.

다음으로는 자부심이 없었던 그들에게 그래도 최소한의 필요한 조치를 해서 마음의 자세를 바꾸는 계기를 자주 마련했다. 내가 선택한 것은 바로 '대접을 받는 느낌'이었다. 일단 회식할 때의 메뉴는 늘 맛있고 비싼 음식을 선택했다. 당시에는 내 월급도 별로 많지 않은 상태였지만 한 달에 거의 200만 원을 회식비로 지출하기도 했다. 또 매일 지점원들의 책상을 물티슈로 닦아주었으며, 늘 사무실에 커피, 초콜릿, 과자 등이 절대로 떨어지지 않게 비치했다. 지점장의 공간은 늘 오픈 상태였다. 누구나 왔다 갔다 할 수 있다는 신호를 주었다. 이 일은 4년이 지나도록 꾸준하게 해온 것이기도 했다.

나는 이러한 여러 가지 일을 통해서 '나도 대접받고 있구나.'라는 사실을 느끼기를 바랐다. 그리고 정말 얼마 가지 않아 지점원들은 이런 이야기를 했다.

"지점장님이 새로 오시면서 우리들의 격이 올라가는 것 같습니다."

"정말로 제 퀄리티가 높아지는 것 같아서 너무 좋습니다."

리더의 도미노

정말로 나의 생각대로, 그들은 조금씩 설계사로서의 자신, 그리고 지점원의 한 명으로서의 자신에 대해서 자부심을 가지기 시작했다. 내가 이토록 자부심에 집중한 것은 바로 자부심이 행동력의 원천이 될 수 있기 때문이다.

연구에 의하면, 사람은 두 가지의 사고방식을 가지고 있다고 한다. 하나는 '성장 사고방식Growth Mindset'이고 또 하나는 '고착 사고방식Fixed Mindset'이다. 전자는 '나는 계속 성장하고 발전할 수 있어.'라고 생각하는 방식이고, 후자는 '뭐 변하는 게 있겠어?'라고 생각하는 방식이다. 성장 사고방식을 가진 사람은 어려운 일을 만났을 때 뇌의 활동이 활발해진다고 한다. 그리고 이런 사고방식을 갖기 위해서는 반드시 자부심이 전제되어야 한다. 자신에 대해 실망하고 있으며 누군가에게 무시받고 있다고 생각하면 자신의 성장과 발전을 꿈꾸기는 쉽지 않은 일이기 때문이다.

## 말이 가진 강한 힘

지점원에게 "할 수 있다!"는 말도 자주 했다. 이는 말의 힘을 믿기 때문이다. 스스로에게 하는 말이든, 누군가에게 하는 말이든 이것은 매우 강한 힘을 가지고 있다. 특히 순천 지점원들은 오랜 시간 그런 말을 듣지 못했다. 아무래도 실적이 떨어지니 많은 관심을 받지 못했을 것이다. 그래서 나는 회의나 상담 시간에 늘 "할 수 있다!"는 말은 물론이거니와 과거 나의 경험을 토대로 할 수 있는 방법도 알려주었다. 아메리칸 인디언 속 담에 '네가 어떤 말을 만 번 이상 되풀이하면 그 일이 어떤 일이든 반드시 이루어진다.'라는 말이 있다. 실제로 말 자체로 어떤 일이 성공하지는 않겠지만, 성공으로 향할 수 있도록 강한 추진력을 주는 것은 사실이다.

순천 지점으로 부임 후 나의 비전을 설정하고 지점원의 마음을 살피면서 차근차근 문제를 풀어나갔고 결과적으로 큰 성과로 나타났다. 지점의 매출은 단숨에 3배 이상 뛰었고, 어떤 설계사의 경우 19년 영업을 하면서 단 한 번도 달성하지 못한 실적을 달성하게 됐다고 감사의 말을 전하기도 했다. 전주 PROS지점의 경험을 토대로 한 순천지점으로의 확장과 경험은 설계사의 입장에서나, 나의 입장에서 '한 번도 가보지 않은 길'을 갔다고 볼 수 있다.

오늘도 많은 리더들은 새로운 도전의 길을 가고 싶어 한다. 우선 리더가 스스로 비전을 세우고, 팀원들이 자부심을 느낄 수 있게 만들어 행동력에 불을 지필 수 있다면, 반드시 이룰 수 있을 것이다.

## 오성급(5star) 체크포인트

★ 리더가 가장 먼저 해야 할 일은 비전을 세우는 것이다. 그 비전의 크기만큼 조직도 성장할 수 있다.

★ 다만 그 비전을 밝힐지 그렇지 않을지는 조직의 상태를 기준으로 해야만 한다.

★ 자부심이 부족한 사람이라면, 일단 '대접받는 느낌'을 꾸준하게 주어서 행동력의 기반을 만들어야 한다.

★ 스스로 성장하기 위해서는 반드시 자부심이 있어야 한다.

★ 여기에 용기와 희망을 심어주는 말을 꾸준히 해준다면, 패배감에 젖은 조직도 반드시 변할 수 있다.

# 서번트 리더십,
# '싫은 소리 하기가
# 제일 싫었어요'

**"훌륭한 리더는 먼저 섬기려는 욕구를 갖고, 그다음에 리더가 되려 한다."**
**로버트 그린리프** 경영인

    리더가 된 후에 나는 정말로 하기 싫은 것이 있었다. 바로 팀원들에게 '싫은 소리'를 하는 일이다. 어떤 사람들은 잘못을 지적할 때는 해야 하고, 때로는 비판적인 방식으로 말을 해야 한다고 조언하기도 한다. 하지만 스타일의 문제인지는 모르겠지만, 나는 싫은 소리를 하는 것이 제일 싫었다. 그래서 '싫은 소리를 하지 않으면서 충분히 그에 걸맞은 효과를 내는 일'에 대해 골몰하기 시작했다. 만약 이런 방법이 있다면 나는 싫은 소리를 하지 않아서 좋고, 듣는 사람도 보다 자연스럽게 내가 원하는 방향으로 바뀔 수 있으니, 서로가 좋은 일이다.

리더의 도미노

## 어떻게 하면 지각하지 않도록 만들까?

설계사로 일할 당시에 영업에 대한 재능은 약간이나마 있다고 생각했지만, 그 이외의 관리 능력이나 리더십 재능에 대해서는 확신할 수 없었다. 딱히 그럴 기회도 없었고, 일에 몰두하다 보니 그런 부분까지 생각할 여유까지는 없었기 때문이다. 하지만 전주 지점장을 하면서 생각이 달라졌다.

당시 회사에서는 영업 실력이 뛰어난 설계사를 부지점장을 거치지 않고 바로 지점장으로 발령내는 색다른 실험을 했다. 영업 현장의 생생한 노하우를 관리자가 되어 전수하고 팀을 이끌게 하려는 시도였다. 당시 나를 포함해서 챔피언 출신이거나 일정 업적 이상인 약 10명 정도가 선발되어 바로 지점장이 되었다. 하지만 결과적으로 대부분의 사람들이 다시 설계사로 복귀했고 마지막으로 남아있는 지점장은 나 혼자였다. 그때 처음 '아, 나도 관리에 어느 정도는 재능이 있구나.'라는 사실을 느끼게 됐다. 다만 한 가지 흥미로운 사실은, 일반적인 리더의 능력을 나에게 억지로 주입하기보다는, 내 스타일의 리더가 되기 위해 노력했다는 점이다.

지점장을 하면서 지점원들의 지각이 문제가 되고 있음을 느꼈다. 이럴 때 보통은 "제발 좀 일찍 출근하라."며 다그치는 방법도 있겠지만, 나는 그런 이야기를 하기 싫었다. 잔소리가 큰 효과가 없을 뿐만 아니라, 괜히 서로 기분만 상하게 할 수도 있기 때문이다. 그때부터 '어떻게 하면 팀원 들이 일찍 출근할 수 있을까?'를 고민하기 시작했다.

내가 생각해낸 방법은 바로 '아침 간식 챙겨주기'였다. 출근 전에 분식 점이나 패스트푸드점에 들러 김밥이나 맥모닝 같은 대용식을 사서 챙겨 주는 일이었다. 그러면 혹시 팀원들이 아침 간식을 기대하며 일찍 출근하 거나, 지각을 하게 되면 더 미안함을 느끼지 않을까 예상했다.

그러던 중 한 지점원이 아침 회의가 있어 출근해야 하는 날에 바로 현 장에서 고객미팅을 한 적이 있었다. 그 지점원은 내가 책상 위에 올려놓 은 아침 간식을 먹을 수 없게 됐고, 그다음 날 아침이 되어서야 전날의 아 침 간식을 발견하게 됐다. 물론 나는 싫은 소리를 하기 싫었기 때문에 아 무런 말도 하지 않고 있었다. 그랬더니 팀원이 먼저 와서 사과하며 다음 부터는 반드시 회의에 참석하겠다고 했다. 그때 나는 지각이나 아침 출근 에 대해서는 한마디도 하지 않고, "어제 사 둔 맥모닝은 먹을 수가 없으니 까 제가 다시 쿠폰 하나를 보내드릴게요."라며 쿠폰을 보내주었다. 정말 로 그 팀원은 이후로 절대로 지각하지도 않았고, 출근을 하지 않는 날도 없었다.

리더의 도미노

## 효과적이라고 검증된 리더십

지금 뒤돌아 생각해보면, 나는 일명 '서번트 리더십Servant Leadership'에 매우 충실했던 것 같다. '내 말이 옳으니 나를 따르라.'라는 것보다는 팀원 한 명 한 명이 스스로 문제를 깨닫고, 자기주도적으로 문제를 해결할 수 있도록 도왔다고 볼 수 있다. 그리고 이러한 리더십은 큰 효과를 발휘했다. 나와 함께 설계사에서 곧바로 지점장이 된 나머지 사람들이 그 직위를 유지할 수 없었던 것도 여기에 기인했다. 거의 대부분 '내가 현장에서 이렇게 성과를 냈고, 나의 방법이 맞으니까 따라오기만 해.'라는 자세를 가진 분들이었다. 한마디로 자신의 능력과 카리스마에 과도하게 의지하는 방법이었다. 하지만 경험적으로 봤을 때 이러한 카리스마 리더십보다 훨씬 더 강하고 효율적인 것이 바로 서번트 리더십이다. 매년 세계적인 경영 잡지인 포춘지가 '훌륭한 일터'로 선정하는 기업들의 다수가 이 서번트 리더십의 중요성을 알고 구체적으로 실천하는 것으로 알려졌다.

다양한 연구에 의해서 그 효과성이 증명되기도 했다. 서번트 리더십은 팀원들의 직무만족도와 몰입도를 높여주고 직무 스트레스에서도 벗어날 수 있게 해주며, 리더에게 더 친근함을 느끼게 해주기도 한다. 피터 드러커 역시 "미래 지식시대에는 기업 내에서 상사와 부하의 구분도 없어지며, 지시와 감독이 더 이상 통하지 않을 것이다."라고 서번트 리더십의 출현과 그 중요성을 말하기도 했다.

그럼 '서번트 리더십을 실천하기 위해서는 어떻게 해야 하는가?'라는 궁금증이 생길 수 있다. 서번트란 '섬기다.'라는 의미인데, 무조건 직원들을 섬기는 자세를 가지면 될까? 그들의 말을 경청하고, 원하는 것을 할 수 있도록 해주면 되는 것일까?

## 상대를 위해 내가 변한다는 것

서번트 리더십에는 꽤나 많은 정의가 있으며, 구체적인 행동 방침도 있다. 그러나 그것을 체화시키기 위해서 '현장에서 적용할 수 있는 서번트 리더십이 무엇일까?'를 나 나름대로 정의해 보았다. 그것은 바로 리더가 직원을 바꾸는 것이 아니라 리더가 먼저 자신을 변화시키는 것이다. 여기에 꽤 적합한 말이 기억이 난다.

'사랑이란 타인을 향한 감정이 아니라, 타인을 향한 행동이다.'

우리는 감정만으로 누군가를 변화시킬 수는 없다. 내가 아무리 강렬하게 감정을 갖는다고 하더라도 그것이 행동으로 드러나지 않으면 아무런 효과도 발휘될 수 없다. 이러한 맥락에서 서번트 리더십이란, '상대가 변할 수 있도록 내가 먼저 행동하는 것'이라고 할 수 있다.

리더의 도미노

직원들의 아침 간식을 챙기기 위해서는 최소한 1시간 이상 먼저 잠자리에서 일어나야 한다. 음식을 파는 곳에 가서 음식을 주문하고 기다리고, 그걸 다시 회사에 들고 와서 각 자리에 세팅도 해주어야 한다. 팀원들이 출근하기 10분 전에는 다 끝내야 하기 때문에 아침부터 더 수고롭게 행동할 수밖에 없다. 2~3명의 팀원도 아니라 20~30명이 되는 팀원들을 다 챙기려면 그것은 고된 노동에 가깝다. 차라리 '싫은 소리'를 하는 것이 더 편한 일일 수도 있다. 고된 노동 없이 그냥 말만 하면 되기 때문이다.

서번트 리더십이란 자신이 편하고자 하는 마음을 버리고, 직원들이 스스로 깨닫고 문제 해결 방법을 찾아낼 수 있도록 환경을 바꾸고 조건을 달리하는 행동을 계속 해나가는 일이라고 볼 수 있다. 나에게 그것은 바로 '아침에 김밥과 맥모닝을 사는 수고로움'이었다.

팀원을 관리해야 하는 입장이 되면 가장 먼저 부담감과 책임감을 느끼게 된다. 하지만 그러한 기분에만 압도되면 사람이 더 경직되어 때로 판단에 착오를 일으킬 수 있다. 그래서 일단 너무 부담을 갖지 말고, 팀원들에게 어떤 문제가 있는지를 먼저 파악한 뒤에, 그들을 변화시키기 위해서 내가 어떻게 변하면 될지를 살펴보자. 바로 이것이 서번트 리더십의 출발점이 될 수 있다.

**오성급(5star) 체크포인트**

★ '나를 따르라'는 리더십은 과거에는 가능했을지 모르지만, 지금은 현실성이 떨어졌다.

★ 그보다 중요한 일은 구성원이 바뀔 수 있는 환경을 끊임없이 제공하고 자발적으로 변화할 수 있
도록 해주어야 한다.

★ 감정이 아닌, 행동이 현실에서 구체적인 효과를 발생시킨다.

★ 행동하기 위해서는 수고로움이 필요하고, 리더가 먼저 행동하는 것이 진정한 '서번트 리더십'이다.

★ 각자의 상황에서 '내가 어떻게 해야 구성원이 변할 수 있을까.'를 고민해볼 필요가 있다.

리더의 도미노

# 리더의 처신: 몸은 낮추고, 판단은 빠르게, 눈은 미래로

"진정한 리더는 마지막에 서고, 다른 이들을 앞세운다."
**넬슨 만델라** 정치인

　직급이 높아져서 누군가를 관리하는 리더의 자리에 선다는 것은 곧 그에 따라 처신도 달라져야 한다는 점을 의미한다. '처신 處身'이라는 말 자체가 나의 몸을 일정한 곳에 두는 것, 즉 포지셔닝을 의미한다. 따라서 리더는 자신의 포지셔닝에 걸맞은 행동을 해야만 한다. 아직 몇 달 되지 않은 본부장 생활이지만, 나만의 처신법 혹은 직원 관리법을 구호처럼 만들어 보자면 '몸은 낮추고, 판단은 빠르게, 눈은 미래로'라고 요약된다. 개인적인 경험을 토대로 만든 것이지만, 이는 많은 리더와 관리자들에게도 통용될 수 있다.

# 똑똑해서 리더가 되지는 않는다

메트라이프의 전 직원은 3,000명 이상이며, 그중에서 본부장은 총 14명이다. 이들 중 한 명이 되었으니 책임감이 더 무거워지는 것은 너무도 당연하다. 약간의 우스갯소리를 섞어서 '성과가 안 좋으면 모두 본부장 탓이고, 성과가 좋으면 모두 지점장, 팀원 덕분이다.'라는 말이 있다. 이래저래 본부장이라는 높은 위치는 평가에 관해서는 꽤 불리한 입장이라고 볼수도 있다.

다만 다행인 것은 본부장이 된 직후부터 꽤 뛰어난 성과를 받게 됐고, 매우 단기간 순위가 급등했다는 점이 많은 사람들의 눈에 띄었을 것이다. 그래서 그런지 오히려 더 조심하고 겸손해지게 된다. 특히 주목하는 사람들이 많으면, 흠결도 더 눈에 많이 보이기 마련이다. 예를 들어 그저 누군가를 보지 못해서 인사를 안 했을 뿐인데, 자칫하면 "젊어서 본부장에 올랐으니 이제 인사도 잘 안 하네."는 말이 나올 수도 있다. 책임감이 무거워지는 만큼 더 조심하게 된다는 이야기다. 그래서 늘 '몸을 낮추고 천천히 걸어야 한다.'고 생각한다. 이런 태도를 가지고 있으면, 보이지 않던 것들이 더 잘 보이게 되고 주변을 두루 살펴보면서 많은 일들을 챙길 수 있게 된다. 사실 이런 겸손한 마음은 리더와 관리자에게는 매우 중요한 덕목이라고 생각한다.

구글의 모회사인 '알파벳' 이사회의 의장인 존 헤네시는 47살에 미국 스탠퍼드대학교 총장을 맡아 무려 16년간 역임한 인물이다. 그는 자신의 책 『어른은 어떻게 성장하는가?』에서 이런 이야기를 했다.

"당신은 지금 당신이 있는 그 자리에서 가장 똑똑한 사람이 아니다. 자신이 모르는 것을 인정하고, 팀원들이 알고 있는 것으로 배우며, 겸손한 자세로 그들의 도움을 요청하는 것만이 최선의 길이다."

실제 겸손을 갖춘 리더가 더 크게 성장할 수 있다는 사실이 증명되기도 했다. 자신의 강점을 잘 알지만, 약점까지 모두 알고 있다면 주변으로부터 더 많은 도움을 이끌어 낼 수 있고 신뢰를 얻을 수 있기 때문이다.

## 신중하다는 것의 단점

두 번째의 '판단은 빠르게 하라.'는 것도 본부장이 된 이후 좀 더 절실하게 느끼는 부분이다. 판단의 속도는 조직의 막힌 혈관을 뚫어 순환을 잘 이뤄지게 하는 매우 중요한 요인이다. 누군가 나에게 제안을 하고, 그것이 나의 가치관에도 맞다는 생각이 들면 거의 그 자리에서 결정하는 일이 대부분이다. 한번은 '멘티-멘토 프로그램을 만들어 보면 어떻겠냐.'는 제안을 들었다. 25쌍을 만들고, 실적에 따라서 1등부터 3등까지 상을 주는 내용이다. 매우 좋은 아이디어라도 생각해서 그 자리에서 추진을 약속했다.

어떤 리더의 경우 '조금 더 생각해보자.' 혹은 '다음 달 회의에서 결정해보자.'라고 할 수도 있겠지만, 판단이 느려지면 그만큼 실행도 늦어질 수밖에 없다. 물론 빠르게 하는 판단보다는 신중한 판단이 더 낫지 않겠냐고 말할 수도 있겠지만, 조직의 명운을 좌우하는 중요한 일이 아닌 이상 지나친 신중함은 시간만 잡아먹을 뿐이다. 거기다가 심사숙고한다고 꼭 현명한 결정을 하는 것도 아니다. 일반적으로 성공한 리더조차 의사 결정에서의 정확도는 약 65%에 불과하다. 리더의 입장에서 100% 정확한 판단을 하겠다는 말은 어쩌면 좀 환상에 가까운 이야기라고 할 수도 있다. 그보다 제때제때 판단해 주면 제안을 한 사람이나, 조직원들은 역동적으로 돌아가는 회사 분위기에 좀 더 활력을 얻을 수 있다.

다만 빠르게 판단할 수 없는 성질을 가진 문제가 있다. 내가 해결할 수 없는 문제, 예를 들어 설계사들 간의 개인적인 갈등이 대표적이다. 사실 이런 문제들은 내가 중간에 끼어든다고 해서 딱히 해결 방법이 있는 건 아니다. 이런 이야기들을 하면 대체로 잘 들어주는 편이지만, 해결책을 제시하지 않고 그저 미뤄두는 편이 낫다고 본다.

리더의 도미노

## 과거보다 미래가 더 중요

'눈은 미래로 하라.'는 말은, 과거에 별로 연연해하지 않는다는 의미이다. 보통 지난 달 실적이 잘 나오지 않았을 때는 그 문제 대해 분석을 하는 경우가 많다. 하지만 '과거를 분석하는 시간'은 짧으면 짧을수록 좋다고 생각한다. '핑계 없는 무덤은 없다.'라는 말도 있듯이, 과거의 좋지 않은 실적에는 모두 다 나름의 이유가 있게 마련이다. 따라서 그것에 관해 시간을 쓰면서 과도하게 논할 필요는 없다고 본다. 반성할 일이 있으면 개인적으로 하면 되고, 더 중요한 것은 '그럼, 앞으로 어떻게 할 것인가?'를 이야기하는 일이다. 그러니 과거의 실적에 대한 질책은 거의 하지 않는 편이다. 앞으로 더 좋아질 수 있는 방법, 내가 도와줄 수 있는 부분, 팀원들이 필요한 것이 중요하기 때문이다.

'몸은 낮추고, 판단은 빠르게, 눈은 미래로'라는 이 방법은 어쩌면 리더로서 최소한의 처신법일 수도 있다. 하지만 이것에서부터 시작하여 잘 적응할 수 있다면, 분명 조직에 조금이라도 더 나은 변화를 줄 수 있다.

## 오성급(5star) 체크포인트

★ 리더가 되었다고 자신이 똑똑하다고 과신할 필요는 없다. 오히려 리더이기에 더 조심하고 더 나은 처신을 해야 한다.

★ 몸을 낮추는 일은 자신을 더 겸손하게 만들고, 이제까지 보지 못했던 많은 것들을 살필 수 있게 해준다.

★ 결정을 빠르게 해주면 조직은 더 역동적인 활력을 가지고 변할 수 있다.

★ 신중하게 결정한다고 해서 더 나은 결정을 한다는 보장도 없다.

★ 과거의 잘못을 질책하고 반성하는 일은 개인이 하면 되는 일이다. 리더는 앞으로 무엇을 할 것인가에 더 많은 신경을 써야 한다.

# 살아있는 비전을
# '스며들게' 하는
# 세 가지 단계적 방법

"리더는 현실을 직시하면서도, 비전을 품고 있다."
**워렌 베니스** 경영학과 교수

'경영의 스승'이라고 불리는 피터 드러커는 이런 이야기를 했다.
"모든 비즈니스는 반드시 위대한 미션으로부터 출발해야 한다."

리더의 위치에 있는 사람이라면, 대부분 이 말에 동의할 것이다. 그런데 실제 현장에서 아무리 비전을 세운다고 한들, 잘 먹히지 않는 경우가 많다. 조직원들은 그저 액자 속에 쓰인 문구 정도로만 보고, 자신의 삶을 바꿀 실천적인 지침으로 받아들이지 않기 때문이다. 이런 상황에서는 비전을 중심으로 하는 단단한 조직이 만들어지지 않게 된다. 비전은 누구나 세울 수 있지만, 그것을 조직원들에게 스며들게 하는 방법은 어떤 것이 있을까?

## 애플 홈페이지에 '비전'이 없는 이유

애플의 스티브 잡스가 살아있을 때 극도로 경계했던 일 하나가 있다. 바로 회사의 비전이나 핵심가치 등의 문구를 회사 홈페이지나 인쇄물 등에 싣는 것이었다. 그 이유는 비전이 하나의 홍보 문구로 전락할 수 있음을 경계했기 때문이다. 또 그렇게 홍보용으로 사용하게 되면, 오히려 내부의 직원들은 비전에 무감각해질 수 있다는 이유에서였다.

오늘날 많은 팀장 이상 리더들이 하는 실수도 바로 여기에 있다. 비전을 세우는 일을 단지 의례적인 일로 생각하고, 계속해서 추상적인 미래만 강조하는 것이다. 이렇게 했을 때는 번번이 '박제'되는 일이 벌어지고, 구성원들은 그것을 살아 움직이는 자신들의 미래로 받아들이지 못하게 된다. 그래서 나는 비전은 세우는 것보다 조직원들에게 스며들게 하는 일이 더 중요하다고 확신한다.

'스며든다'는 것은 자신도 알게 모르게 그것을 익숙한 문화로 받아들이게 된다는 것을 의미한다. 이렇게 만들 수 있다면, 굳이 실천해라 마라의 이야기 자체가 불필요하다. 이렇게 하기 위해 세 단계의 방법이 필요하다. 의미를 잘 이해할 수 있도록 비유를 들어보고자 한다.

첫 번째 단계는 우리가 나아가야 할 바다의 전체 모습을 보여주면서 비전을 밝히는 일이다. 단순히 '우리는 이렇게 가야 해.'가 아니라 '지금 상황이 이러니까 이렇게 가는 게 낫지 않을까?'라는 보다 상세하고 친절하게 접근하는 일이다. 이렇게 하면 구성원들 스스로 생각하게 되면서 리더의 비전에 동참할 의지를 가지게 된다.

두 번째는 그 바다를 헤쳐 나가는 배를 만드는 일이다. 각자 자신에게 최적화된 배를 만들면 훨씬 원활하게 나아갈 수 있다. 자신의 생각하에서 자신에게 맞는 배를 만드는 일과 상사와 리더가 지시하는 대로 배를 만드는 일, 둘 중에 효과적인 것은 당연히 전자일 수밖에 없다.

마지막으로 그 배를 타고 나아가는 과정, 즉 일하는 순간들을 즐겁게 만들어 주어야 한다. 아무리 어려운 일이라도 그 일을 즐겁게 할 수 있다면, 사람은 얼마든지 그것을 잘 수행해 내려는 의욕을 가지게 된다.

바다의 전체 모습을 보여주고→스스로 각자에게 맞는 배를 만들게 하고→전진의 과정을 즐겁게 만들어주는 일. 바로 이렇게 해야만 살아있는 비전이 만들어지고 실천할 수 있는 비전이 제시될 수 있다.

## 리더의 비전이 꾸준한 메시지로 전달

본부장이 된 이후, 전체적인 바다를 보여주기 위해서 과거보다 더 많이 미래의 변화에 관해 이야기하곤 한다. 전체적인 보험과 금융시장의 흐름과 미래의 변화를 제시하고, 이 안에서 우리 각자는 어떻게 해야만 살아남을 수 있는지에 관해 최대한 열심히 설명해준다. 이런 그림을 보여주면, 팀원들은 자신이 어디로 나아가야 할지, 그리고 무엇을 궁극적으로 추구해야 할지를 깨달을 수 있기 때문이다.

두 번째로 각자가 자신만의 배를 잘 만들 수 있도록, 다양한 지식과 정보를 제공한다. 여러 방법이 있겠지만, 책을 선물하는 것이 매우 효율적이다. 길고 지루한 리더의 설명보다 책은 오히려 더 효율적으로 지식을 전달한다. 리더가 생각하는 방향, 혹은 비전이 담긴 책도 괜찮고, 팀원 각자의 개성을 감안한 책도 괜찮다. 이렇게 하면 팀원들은 전체적인 비전 하에서 각자가 타고 나아갈 배를 더 단단하고 효율적으로 만들어 나갈 수 있다. 물론 개별적인 미팅을 통해서 리더가 가진 그간의 경험과 노하우로 각자의 계획과 방향을 미세 조정해 주는 일도 필요하다. 이렇게 하면 리더의 방향과 팀원의 노력이 한 방향을 향하면서 최적화될 수 있다.

마지막으로는 그 모든 과정에서 현실적인 즐거움과 의미를 느낄 수 있도록 해주는 일이 필요하다. 이를 위해서는 여러 캠페인을 하면서 참여 의지를 높이고, 그에 따른 보상도 지급할 필요가 있다. 한 달에 2명의 설계사를 리쿠르팅 하면 지점 회식비용을 지급하거나, 필드에서 영업하는 설계사의 가동 비율을 70% 이상으로 높이면 스타벅스 커피 상품을 지급하기도 한다.

이러한 다양한 캠페인들은 조직에 활력을 불어넣는 일임과 동시에 리더가 자신의 비전하에서 꾸준하게 메시지를 던지는 일이기도 하다. 그리고 이러한 메시지를 반복적으로 받는 팀원들은 살아있는 비전을 가슴에 품게 된다.

최종적으로 이 모든 과정을 아울러 성숙시키는 리더의 행동이 있다. 그것은 구성원들에게 확신을 심어주는 솔선수범의 중요성이다. 솔선수범이란 단순하게 앞장서서 하게 되면 다른 사람들도 따라올 것이라는 의미에만 그치지 않는다. 보다 정확한 솔선수범은 조직원들에게 '확신'을 심어준다. 누군가가 먼저 나서서 실천하게 되고, 일정한 성과를 가져오게 되면 그것을 보는 사람들은 그 누구도 믿어 의심치 않게 된다. 그러니 '나도 하면 되겠구나!'라는 사실을 온전히 확신하게 되고, 리더를 따라서 행동에 나서게 된다. 따라서 솔선수범은 '확신'이라는 에너지를 조직 전체에 확산시키는 과정이고, 그 결과 조직원 전체가 행동과 실천에 돌입하게 만드는 계기가 된다. 한마디로 좋은 토양에 알찬 씨앗을 심은 후에 충분히 물을 주는 마지막 과정이 바로 솔선수범이다.

미국 최초의 흑인 국무장관인 콜린 파월은 이런 이야기를 한 적이 있다.

"당신이 직원들에게 온갖 지시 사항이 담긴 문건을 보내고 사기를 진작시키기 위해 감동을 주는 연설을 할지라도 조직 구성원들에게 당시 스스로 매일 최선을 다하는 모습을 보여주지 않는다면 그들도 결코 최선을 다하지는 않을 것이다."

비전의 중요성을 모르는 리더는 없겠지만, 그것은 단지 제시하거나, 반복적으로 들려준다고 살아 숨 쉬지는 않는다. 구성원들이 일상에서 느끼고, 즐겁게 행할 때에 비로소 살아 숨 쉬게 된다. 앞서 언급한 3가지의 단계적인 방법들이 분명 도움이 될 것이다.

### 오성급(5star) 체크포인트

★ 비전은 리더가 만들어서 전파하는 것이 아니다. 각자가 만들도록 해야 한다.
★ 바다와 파도를 보여주고, 스스로 배를 만들게 하고, 여기에 즐거움과 의미가 부여해야 한다.
★ 책이란 각자가 해석하는 방식이 다르다. 따라서 각자의 배를 만드는 과정에 의미가 있다.
★ 캠페인을 통해서 목표를 달성하고 보상하는 과정에서 즐거움을 느낄 수 있다.
★ 그 모든 과정의 마무리에서 리더가 솔선수범해야 '확신'이 전파되고 실천을 일궈낼 수 있다.

리더의 도미노

# 빠르고 효과적인
# 회의와 교육의 기술

"많은 회의는 의사결정을 지연시키기 위해 열린다."
**피터 드러커** 경영학자

회사는 사람과 사람이 모여서 일하고 모두 한 방향으로 나아가야 하는 만큼, 전체가 모여서 하는 회의와 개인 미팅의 중요성은 아무리 강조해도 모자람이 없다. 무엇보다 사람의 생각은 매우 다양하고 개성적인 만큼, 그것을 살리면서 하나로 모으고 소통하는 일은 무엇보다 중요하다.

하지만 회의와 개인 미팅이 비효율적인 방식으로 사용되면 애초의 목적을 달성해 내지 못하는 경우가 흔하다. 따라서 리더라면 단연 이 부분에 대해서도 더 나은 방법을 추구할 필요가 있다. 그간 내가 해왔던 몇몇 방법을 함께 되돌아본다면, 자신에게 적용할 수 있는 유용한 팁을 찾아낼 수 있을 것이다.

## 늦게 시작해도 정확히 끝내는 회의

회의와 미팅에서 가장 중요하게 생각하는 것은 두 가지다. 하나는 '시간의 소중함'을 절대적으로 인식해야 하며, 두 번째는 '효과의 최대화'라는 원칙이다. 이 두 가지를 염두에 두면 이제까지 해왔던 회의보다는 조금 더 나은 상태를 지향할 수 있다.

우선 나는 회의의 시작 시간보다 종료 시간을 더 중요하게 생각한다. 예를 들어 오전 9시 30분에 회의를 시작해서 10시에 끝낸다고 해 보자. 회의 시간이 30분이니까 만약 회의 시작이 10분 정도 늦어지면 끝나는 시간도 10시 10분으로 늦어져도 된다. 애초에 회의 시간을 30분으로 잡아놓았으니까 당연한 일이라고 볼 수 있다. 그러나 회사에 출근하는 이유는 회의를 하기 위해서가 아니다. 만약 회의가 끝나는 시간이 늦춰지게 되면 각 개인의 일정과 시간에 영향이 미친다. 고객과의 만남을 위해 출발해야 하는 시간이 10분 늦어지고, 계약을 처리하는 데에 10분이 늦어진다. 연쇄적으로 다른 일에도 영향을 미친다는 의미이다. 그래서 나는 회의가 9시 40분에 시작된다고 하더라도 끝내는 시간은 변함없이 10시로 정한다.

회의 시간이 줄어들면 애초 전달하려던 내용을 충분히 다 전달하지 못하지 않겠냐는 우려를 할 수도 있겠지만, 사이사이의 불필요한 이야기들을 빼면 그다지 시간이 부족하지 않을 것이다. 이렇게 불필요한 이야기를 줄이는 한 가지 유용한 팁이 있다. 바로 '비유'를 많이 드는 일이다. 비유는 어떤 상황을 매우 직관적으로 이해할 수 있도록 해주어서 설명을 길게 하는 일을 줄여줄 수 있다. 성경이나 불경에서 비유가 많이 등장하는 이유 역시 가난하고 못 배운 당시의 서민들에게 교리를 보다 손쉽게 전달해주기 위해서였다. 명쾌하고 직관적인 비유는 번거로운 해설을 줄여주는 역할을 한다.

회의를 주관하는 사람은 필요한 내용을 압축적으로 전달하고 직관적으로 비유하기 위해서는 단연 준비 시간이 충분해야 한다. 30분 회의를 위해 최소 30분도 준비하지 않는 분들도 있다. 50명을 모아놓고 30분의 회의를 한다는 것은 전체 1,500분의 시간을 빼앗는 것이다. 무려 하루가 넘는 25시간이다. 나는 늘 회의를 준비할 때마다 과연 내가 그 하루의 시간을 빼앗아도 될 가치가 있는 회의를 준비하고 있는지를 되돌아본다.

## 개인의 스타일에 맞는 상담과 교육

관습적인 회의도 많이 줄여야 한다. 대체로 지점장들이나 본부장들도 원래 그렇게 회의를 해왔으니까 그 시간에는 회의를 해야 된다고 생각하는 것을 종종 보았다. 하지만 이런 회의는 최대한 지양해야 한다. 전체 회의는 줄일 수 있는 만큼 최대한 줄이고, 나머지는 필요할 때, 필요한 사람들과 개인적인 미팅을 가져도 충분하다.

회의를 자주 한다는 것은 오히려 회의의 중요성을 떨어뜨리는 일이다. 과거 지방 출장을 많이 갈 때에는 어느 지방에 친구가 한 명밖에 없으면 그 친구는 꼭 보고 오곤 했다. 그런데 10명 이상의 친구가 있는 지역이라면 대부분의 친구를 보지 않고 오는 경우가 있었다. 시간이든 친구든 적으면 소중하게 여겨지고 신경을 쓰게 되지만, 많으면 소중함이 떨어지고 신경도 덜 쓰게 된다. 회의를 최소화해야 회의를 대하는 사람들의 마음도 긴장하고 집중하게 되는 법이다. 그들의 입에서 "또 회의야?"라는 불평이 나온다면, 이미 그 회의의 효과는 절반 이상이 날아갔다고 봐도 무방하다.

또 회의는 기본적으로 의사소통의 기능만 가지고 있지는 않다. 어느 정도 교육의 효과도 있는 것은 사실이지만, 그 비중이 매우 낮다. 개인적으로 회의는 최대한 줄이지만, 교육은 최대한 늘려야 한다는 입장이다. 다만 중요한 것은 각 개인에게 맞는 교육을 해야 한다.

메트라이프의 경우에는 '퍼스널 스타일 프로파일PSP'을 통해서 설계사의 스타일을 파악한 후 상담과 교육이 이뤄진다. 예를 들어 분석형인 사람에게는 데이터를 많이 제공하면서 깨우침과 행동전략을 일깨워 주고 외향적인 사람에게는 비전이나 성과에 대한 동기부여를 많이 해주곤 한다. 다만 PSP만이 개인의 성향을 전부 다 반영한다고 생각해서는 오산이다. 사람의 성격이나 성향은 수치만으로 잡아낼 수 없는 부분도 있기 때문이다. 그래서 관리자에게는 평소 설계사 한 명 한 명에 대한 관찰이 필수적이고 또 그 사람의 입장이 되어보는 일이 필요하다. 이렇게 입장을 바꿔보면 정작 그 사람에게 필요한 것이 무엇인지를 알아낼 수 있게 된다.

회의와 개인 미팅, 그리고 교육은 리더가 조직을 효과적으로 움직이는 매우 중요한 도구들이다. 이것들을 어떻게 최적화시켜내는지에 대한 고민을 멈추지 않고 계속해서 연구해나갈 필요가 있다.

## 오성급(5star) 체크포인트

★ 회의가 늦게 끝나면 이후 모든 일정들의 시작 시점이 늦어진다는 점을 감안해야 한다.

★ 회의가 많으면 오히려 그 소중함이 떨어진다. 따라서 최대한 줄일 필요가 있다.

★ 대신 교육 시간을 늘리면 좋다. 교육은 언제나 충분히 좋은 효과를 만들기 때문이다.

★ 효율적인 개인 미팅이 되기 위해서는 팀원에 대한 관찰이 필요하고, 그의 입장이 되어서 필요한 부분을 생각해봐야만 한다.

★ 한 가지 주의할 점은, 저성과자는 수용성이 떨어진다는 점이다. 리더의 조언을 '잔소리'로 들을 가능성이 있기 때문에 이 부분을 감안할 필요가 있다.

# 보험의 변화와 새로운 미래, 그리고 더 나은 희망

"희망은 그날을 보지 못하더라도, 그날이 오리라는 믿음이다."
**헬렌 켈러** 사회사업가

세상의 모든 산업들이 시간의 흐름에 따라 변화하듯, 보험에도 이미 새로운 변화가 시작됐다. 그런데 알 수 없는 미래에 대해서는 늘 두 가지 견해가 교차한다. '어둡다, 암울하다.'라는 견해와 '아니다, 오히려 더 희망적이다.'라는 견해이다. 물론 둘의 이야기를 들어보면 모두 그럴 듯하게 들리곤 한다.

보험업에도 상반되는 두 가지의 견해들이 존재한다. 그러나 나는 전적으로 희망적이라고 본다. 이는 전체 산업의 변화에서 보험이 갖는 위상의 변화와 첨단 기술이 설계사들에게 주는 이점, 그리고 한국의 매우 독특한 위상 때문이다. 리더라면, 이러한 미래의 변화에도 많은 관심을 가지고 구성원들에게 충분히 제시해야만 한다.

## 설계사에게 큰 무기가 되는 AI

과거 은행에서 보험을 파는 방카슈랑스가 등장했을 때 설계사들 사이에서 지배적인 견해가 있었다. 직설적으로 말하면, '이제 우리 다 망하는 거 아니야?'였다. 그도 그럴 것이 은행에서 보험을 직접 파니까 전체 계약의 파이가 줄어들 것이고, 당연히 개인 설계사들은 은행에 밀릴 것이라고 봤다. 이후에도 비슷한 일이 발생했다. 인터넷으로 고객이 직접 보험에 가입하는 다이렉트 판매가 등장했을 때이다. 이 역시 설계사들 사이에서는 공멸의 분위기가 만들어졌다. 어떻게 보면 너무도 당연하다고 볼 수도 있다. 고객들이 설계사를 거치지 않고 바로 계약을 하는데, 어떻게 설계사들이 살아남을 수 있겠는가?

그런데 과거의 어두운 전망은 모두 틀린 것으로 판명 났다. 설계사들은 여전히 건재하고, 코로나19 시기를 거치면서 우리나라 생명보험 산업은 10% 이상 성장했다. 물론 은행에서 보험을 계약하는 고객도 있을 것이고, 다이렉트 계약을 하는 고객도 있다. 하지만 오로지 그 이유만으로 망한 설계사는 그리 많지 않았다.

지금 시대에는 또 하나의 거대한 변화가 생기고 있다. 가장 대표적인 것이 바로 인공지능의 등장이다. AI가 설계사 영역의 상당 부분을 대체

할 가능성이 제기되면서 또다시 설계사들이 설 자리가 없어지지 않겠냐는 의견이 대두된다. 거기다가 상식적으로 생각해 보면, 이제 가족 중에 보험이 없는 사람은 거의 없다. 그것도 구성원마다 적으면 1~2개고, 많으면 6~7개까지 든 사람도 있는데, 과연 영업이 가능한 시장이 더 존재하느냐는 의구심이다. 모두 일견 납득이 가는 주장이다. 하지만 그 모든 변화에 부정적인 요소가 있는 만큼 반드시 긍정적인 요소도 있다. 중요한 점은 그 긍정적인 요소를 어떻게 내 것으로 만들고, 새로운 시대에 활용할 것이냐의 문제일 뿐이다.

우선 AI는 설계사의 일을 빼앗기보다 설계사에게 도움을 준다. 왜냐하면 '고객의 분석과 응대'라는 측면에서 AI는 설계사를 위한 매우 헌신적인 조력자가 될 수 있기 때문이다. 고객의 나이, 학력, 성별, 직업, 특성 등의 정보를 입력하면 AI는 체계적으로 분석해서 영업 전략을 어떻게 짤 것인지를 조언해 준다. 또 고객 응대 시뮬레이션을 해 볼 수도 있다. 고객의 성향에 따라서 AI가 고객의 역할을 하면, 설계자와 어떤 대화가 가능한지, 어떤 점에서 상품에 대한 거부감을 가지거나 호의적으로 느끼는지, 어떤 상품을 추천해야 고객이 받아들일 수 있는지를 알려준다는 이야기다.

## 금융업과 헬스케어 산업으로의 확장

심지어 고객의 여러 정보를 바탕으로 AI는 '오늘 만나야 할 고객'을 추천해줄 수도 있다. 이제까지 고객을 만난 횟수라든지, 고객의 결혼기념일 등을 모두 감안해서 영업인들에게 정보를 푸시해줄 수 있다. 심지어 고객을 위한 선물을 추천해 줄 수도 있다.

이렇듯 AI는 영업인들에게는 큰 무기이자 전략이 될 수가 있다. 다만 여기에서는 다시 '성실성'이라는 오히려 인간적인 덕목이 더 중요해질 수밖에 없다. 성실한 설계사에게는 인공지능의 데이터 분석과 정보 제공이 큰 도움이 되겠지만, 그렇지 않은 영업인들에게는 별로 도움이 되지 않는다. 그래서 실적에서도 더 양극화가 될 수밖에 없다.

지금 대부분 세일즈업계의 실적은 '8 대 2의 법칙'이 지배하고 있다. 상위 20%의 영업인이 전체 실적의 80%를 거두어들인다는 점이다. 그런데 AI의 등장으로 '9 대 1의 법칙'이 실현될 가능성이 크다고 본다. 탁월한 데이터와 정보, 그리고 성실성을 겸비한 영업인들이 더 많은 실적을 거둘 수 있기 때문이다. 따라서 문제는 AI가 아니라, 언제나 '사람의 문제'로 되돌아올 수밖에 없다. 이 말은 AI에 대한 막연한 두려움을 가질 필요는 전혀 없다는 점이다.

또 지금 보험업이 성숙해 있는 상태에서 미래에도 꾸준하게 발전할 수 있느냐의 문제도 제기된다. 하지만 여기에서도 청신호가 켜져 있다고 본다. 그 이유는 이제 산업 간의 영역이 모호해졌기 때문에 보험업은 거의 금융업으로 전환되고 있어서다. 예를 들어 10년을 납입하면 120% 정도가 환급되는 상품이 있다고 하자. 은행의 적금 이자율로 따지면 보통 3%가 넘게 된다. 이러면 이것은 보험상품이라기보다는 오히려 은행상품에 가깝다. 집집마다 보험이 없는 집은 없다고 하지만, 보험상품과 은행상품이 하나가 되어간다면 금융시장은 더욱 넓어지게 된다.

심지어 최근에는 보험업이 헬스케어 산업으로 발전할 조짐까지 보이고 있다. 최근 많은 보험사에서는 건강 앱을 고객들에게 무료로 제공하고 있다. 오늘 먹은 음식의 사진을 찍으면 몇 kcal인지를 알려주고, 심혈관 관련 체크를 하는 등 다양한 방법으로 건강을 케어해준다. 이렇게 고객으로부터 얻은 정보를 바탕으로 보험사에서는 새로운 보험상품 전략을 짜게 되고, 헬스케어 분야로 더 확장해나갈 여지가 커지게 된다. 이렇게 산업의 영역이 무너지는 일은 앞으로도 더 많이 생길 수 있을 것으로 보인다.

## 30-50 클럽, 한국의 장점

거기다가 '한국'이라는 나라 자체에서도 미래 보험산업의 긍정적인 면을 찾아낼 수가 있다. 일단 한 나라에서 산업이 제대로 발전하기 위해서는 인구가 5천만 명 이상이 되어야 하고, 국민 소득이 3만 불을 넘어야만 한다. 이른바 '30-50클럽'이라고 불리는데, 전 세계에서 7개 나라밖에 없다. 일본, 독일, 미국, 영국, 프랑스, 이탈리아, 그리고 한국이다. 이들 나라는 경제력도 있고 수요도 있기 때문에 산업이 최적화되어 성장할 수 있는 환경이다. 인도나 중국은 인구는 엄청나게 많지만 경제력이 낮고, 스위스나 룩셈부르크의 경우 국민 소득은 높지만 인구가 그다지 많지 않아 산업이 균형적으로 발전하기가 어렵다. 따라서 보험업 역시 한국에서는 꽤나 매력적인 산업으로 발전할 여지가 충분하다.

결국 이 모든 면을 종합해 본다면, 보험업은 과거부터 지금까지 끊임없이 발전해 왔고, 새로운 시대를 맞으면서 더 나은 기회들이 만들어지면서 또 다른 희래를 써가는 중이라고 할 수 있다. 자신의 미래를 걸기에는 충분히 좋은 직업임이 틀림없다고 볼 수 있다. 그리고 리더가 이러한 보험의 미래를 잘 주시하고, 구성원들에게 꾸준하게 전달하면, 그들 역시 장기적인 희망을 가지고 일해 나갈 수 있을 것이다.

## 오성급(5star) 체크포인트

★ 미래의 변화는 늘 불안과 희망을 동시에 유발한다. 지금도 인공지능이라는 첨단 기술은 영업인들에게 새로운 화두를 던져주고 있다.

★ 다만 성실함을 갖춘 설계사라면 오히려 더 많은 도움을 받으면서 높은 실적을 올릴 수 있을 것이다.

★ 또 앞으로는 보험과 금융이 하나가 되면서 미래도 밝아진다고 볼 수 있다.

★ 한국은 전 세계에 7개밖에 없는 '30-50클럽'에 속하는 만큼, 보험업도 규모 있게 꾸준하게 성장할 가능성이 있다.

★ 리더가 늘 변화를 주시하면서 구성원들에게 설명해 준다면, 각자가 자신의 전략을 짜는 데에 도움이 될 수 있다.

# 무엇을 타격해 그 영향력을
# 전체로 퍼지게 할 것인가?

### – 강남5본부, 석세스휠 '부동의 1등'을 3개월 만에 꺾은 이유

볼링은 타기팅이 매우 중요한 스포츠이다. 그냥 핀이 서 있는 공간에 무작정 볼이 굴러 들어간다고 해서 좋은 결과가 나지는 않는다. 제일 앞쪽에 있는 1번과 3번 핀으로 볼이 꽂혀 들어가는 동시에 살짝 휘어지면서 5번 핀을 때려야 한꺼번에 모든 핀이 쓰러지면서 '스트라이크'를 달성할 수 있다. 최초의 도미노를 쓰러뜨려 연쇄적으로 파급을 끌어내는 일이 '도미노의 힘'이라고 한다면, 가장 유효 적절한 곳을 때려서 한꺼번에 많은 일을 해결해내는 것은 '킹핀의 힘'이라고 할 수 있다. 그리고 실제 이런 힘은 강남5본부를 맡으면서 그리 오래지 않은 시간에 확인할 수 있었다.

## 단 3개월 만에 석세스휠과 가동률, 동시 1위 달성

메트라이프에는 '석세스휠Success Wheel'이라는 차별화된 조직관리 시스템이 있다. 설계사의 선발부터, 교육, 영업관리 등 육성시스템을 단계화한 지표이기 때문에 회사 자체적으로 매우 중요하게 보는 지표이기도 하다. 3,000명에 달하는 설계사 전체, 210명의 부지점장, 80명의 지점장, 14명의 본부장은 매달 이 시스템에 의해서 순위가 결정된다. 업적뿐만 아니라 과정 관리도 석세스휠 지표에 합산되기 때문에, 회사에서 매우 중요하게 생각하는 지표임에 틀림없다.

석세스휠이 중요한 이유는 한마디로 '종합적'이기 때문이다. 예를 들어 선진국도 두 종류가 있다. 국민 소득만 높아도 선진국으로 분류될 수 있지만, 국민 소득뿐만 아니라 복지제도, 시민의식, 사회 안전 등 전반적인 사항이 다 종합적으로 고려된 선진국이 더욱 높은 평가를 받을 수밖에 없다. 한마디로 지금도 잘하고, 앞으로도 잘할 것이며, 건강하게 성장할 가능성이 높은 곳이야말로 높은 석세스휠 점수를 받을 수 있다.

2024년 1월 1일 강남5본부장에 발령이 나면서 은근히 석세스휠 1위에 욕심이 있긴 했었다. 그런데 석세스휠에서 철옹성을 이미 구축하고 있는 곳이 있었다. 바로 대전 지역의 본부였다. 지난 2년간 부동의 1위를 기록

리더의 도미노

하고 있었으며, 수년간 본부를 이끌어 왔던 본부장들도 결코 그 아성을 꺾지는 못했다. 다만 나는 발령 이후 6개월 정도가 지나면 혹시 가능하지는 않을까 생각했었다.

그런데 그 시기가 너무도 빨리 왔다. 발령 이후 4월까지 단 3개월이 지난 후였지만, 강남5본부가 지난 2년간의 철옹성을 깨고 0.7점 차이로 1위로 올라섰던 것이다. 그리고 이러한 사실은 단숨에 회사 전체에 알려지게 됐다. 관리자 전체가 한 번에 모이는 컨퍼런스 콜에서 본사 팀장님이 이러한 사실을 언급했기 때문이다. 그날 하루는 축하받느라 정신없는 시간을 가졌다.

회사에는 또 하나의 중요한 지표가 있다. 바로 '가동률'이다. 등록된 설계사 중에서 실제 활동하는 비율을 따지게 된다. 서류상으로는 100명이 등록되어 있어도 실제 활동하는 사람이 50명밖에 되지 않으면, 가동률은 50% 실제 조직의 크기는 50%밖에 되지 않는다.

전국 평균을 내면 약 60% 정도가 되고, 회사는 70% 수준을 지향하고 있다. 그런데 서울과 지방에서 평균 차이가 좀 있다. 서울은 약 55% 정도가 나오고, 지방은 이보다 많은 65% 수준이었다. 대체적인 경향이 이렇다 보니 서울에 있는 본부가 가동률에서 1위를 하기는 여간해서 쉽지 않다.

바로 이 지표에서도 강남5본부는 놀라운 순위를 기록했다. 비록 3월 한 달의 결과이지만, 가동률 85%로 전국 1위를 했기 때문이다. 부사장님께서는 자신의 임원 경력 10년 중에 서울에 있는 본부가 전국에서 1등을 한 것은 처음이라고 놀라워하셨으며, "도대체 이러한 비결이 무엇인가?"를 묻기도 하셨다.

## 모든 영업의 근본에는 '활동량'이 존재

생각보다 빠르게 성과를 거둔 일에 대해서 지난 3개월간 나의 활동을 생각해보았다. 물론 현장의 설계사 경험과 전주, 순천지점장을 거치면서 쌓아온 경력과 경험 때문이기는 하겠지만, 보다 구체적이고 정확한 이유는 과연 무엇이었을까?

나는 석세스휠과 가동률을 동시에 잡은 킹핀을 바로 '활동량'이라고 생각했다. 당장의 성과보다 활동 자체를 늘리면 그것이 고스란히 실체적인 역량으로 전환되고, 그 결과 성과도 높일 수 있을 것이라고 생각했다. 사실 모든 성과의 전제는 설계사들의 활동 그 자체일 수밖에 없다.

내가 이 활동량을 높이기 위해 가장 주력했던 일은 관심과 도움, 그리고 지원이었다. 수시로 지점장들과 통화하면서 관심을 표했고, 내가 할 수 있는 일을 찾아 나섰다. 심지어 어떤 팀장은 "우리 본부장님은 평일에도 전화하고, 주말에도 전화하고, 심지어 마감 날짜가 다가오면 더 많은 전화를 한다."고 말하기도 했다.

이는 단순히 재촉하는 일이 아니었고, 채찍질하려는 의도는 더더욱 아니었다. 힘든 부분은 없는지, 내가 해결해주어야 할 문제는 무엇인지에 대한 관심이었으며, 동시에 더 많은 활동에 대한 격려였다. 나는 이러한 활동량이 뒷받침되어야 건전한 영업문화가 형성되고, 건전한 영업문화가 형성되어야 비로소 탄탄한 조직, 높은 성과를 올리는 조직이 될 수 있다고 믿는다.

킹핀의 힘은 모든 이들에게 적용될 수 있다. 내가 본부장으로서 본부 구성원들의 활동량에 관심을 기울였듯, 설계사들은 자신의 활동량을 높이고 고객에게 관심을 쏟는 것으로 활용해볼 수 있다. 자신을 가다듬으며 꾸준하게 실천한다면, 반드시 원하는 성과를 가질 수 있다고 확신한다. 특히 효율성과 속도를 높이고, 성과를 이끌어 내는 데 매우 중요한 원리가 될 것이다.

이 책을 쓰면서 지난 17년간 영업인으로 살아온 인생에 대해서 많은 추억을 떠올렸고, 반성도 했고, 앞으로 더 많은 희망을 꿈꿀 수 있었다. 그리고 나의 인생 경험에서 누군가에게 조언할 수 있는 교훈이나 통찰이 있다니, 참으로 다행이 아닌가 생각한다.

오늘의 나를 이끌어준 수많은 선배들과 동료들 그리고 사랑하는 부모님과 아내 현지와 나를 닮아 더 사랑스러운 딸 예원이에게 진심으로 감사의 인사를 전한다. 앞으로도 꾸준히 더 많은 경험을 쌓아서 또다시 책으로 독자 여러분과 만날 수 있는 날을 고대해본다.

안현진